고구려 재국의 기틀을 다진 군주의 삶과 투쟁

대무신왕  무 휼

서기 1세기 동아시아 지도

부　　여

선　비

고　구　려

낙랑군(?)

낙랑군(?)

옥　저

예

동　해

태원

백제　　산라

낙양

한

동　한

서　해

남　해

고구려 제국의 기틀을 다진 군주의 삶과 투쟁

대무신왕 무휼

이성재 지음

혜안

안악3호분 널방 동쪽 회랑 동벽 대행렬 중앙

안악3호분 널방 동쪽 회랑 동벽 대행렬 고취악대

위 | 뼈로 만든 비늘갑옷(몽촌토성 출토)
아래 | 청동제마상(길이 22.5cm, 높이 16.2cm, 강원도 철령 출토)

고구려의 환두대도(길이 49cm, 자강도 자성군 송암리 2호분 출토)

산성하고분군 전경

장군총 남쪽면

국내성 성벽의 서문 부근. 원래 물이 통했는데, 성벽을 보존하기 위해 지금은 배수한 상태다. 원복 하천이 통구하고, 그 위쪽에 환도산성이 있다.

환도산성 남문 자리에 남은 성벽. 사진 오른쪽에 보이는 산에 성벽이 둘러져 있다.

집안시 위성사진(사진 동북아역사재단 소장)

광개토태왕비

책머리에

우리는 왜 역사를 배우는 것일까? 물론 이에 대한 절대적인 해답이란 있을 수 없다. 어떤 이는 교훈을 위해 역사를 공부하기도 하고 단순한 흥미를 얻고자 하는 경우도 있다.

글쓴이는 역사를 배우는 궁극적인 목적은 역사의 주체인 인간이라는 존재를 이해하기 위한 것이라고 생각한다. 이러한 관점에서 본다면 한국사를 공부하는 것은 한국인에 대한 이해를 위한 것이라고 말할 수 있다. 결국 한국사를 학습하는 것은 우리 자신을 이해하기 위한 하나의 시도인 것이다.

요즘은 역사에 대한 대중들의 관심도 높아진 까닭으로 수준 높은 역사서들이 많이 출판되고 있다. 그러나 한 인물을 중심으로 역사를 바라보는 저서는 많지 않으며 특히 한국의 고대 인물에 대한 것은 드문 편이다. 글쓴이는 이러한 현상을 평소 안타까워했는데 역사의 주체가 사람이라면 사람을 중심에 놓은 역사서가 한국인, 나아가 인류에 대한 이해에 더 큰 도움이 될 수 있다는 생각 때문이었다.

물론 정치사나 사회사 문화사 경제사 등 모든 분야의 역사 서술은 나름
의 장점과 의의를 지니고 있으며 한 개인을 중심으로 하는 역사서는 자
칫 그 개인을 영웅화시키거나 이상화시킬 위험이 큰 것이 사실이다.
특히 고대의 역사 인물의 경우 극히 제한되어 있는 사료로 인하여 이러
한 위험성은 더욱 증가하기 쉽다. 또한 고대의 인물에 대한 기록은 거의
소수의 지배 신분 중심으로 기록되었기 때문에 처음부터 특정 신분 중
심으로 서술해 나갈 수밖에 없는 한계도 지니고 있다. 이 글 또한 이러한
위험에서 자유롭지 못한 것이 사실이다.
그러나 이러한 위험을 인식하고 접근한다면 다른 시기 다른 신분의 처
지에 있는 인물의 삶을 통해 한 시기를 바라보는 것은 나름대로 의의를
가질 수 있을 것이다.

이 글의 주인공인 무휼은 고구려 초기를 치열하게 살았던 군주이다. 그

는 오늘날과는 크게 다른 가치관과 사회 경제적 환경 속에서 생활하였
지만 그의 삶 속에서 우리의 또 다른 모습을 발견할 수 있을 것이라고 생
각한다. 물론 독자들은 그만큼 차이점도 발견할 수 있을 것이다.

이처럼 다른 시기 다른 환경의 인물의 삶과 오늘날 현대인의 삶을 비교
하는 것은 매우 중요한 의미를 지닌다. 이것은 역사가 단절적인 사건의
집합이 아니라 하나의 흐름이며 연속이라는 사실을 가장 친근하고 확실
하게 인식시켜주는 하나의 경험이 될 수 있기 때문이다.

굳이 글쓴이가 이 시기의 수많은 인물 가운데 무휼을 선택한 것은 그의
활동이 후세에 큰 영향을 끼쳤기 때문이다. 역사는 그것을 구성한 모든
인물을 서술할 수는 없기 때문에 역사적 의의가 있는 결과를 낳은 인물
을 중심으로 한 시기를 파악하는 것은 효율적이고 필요한 방법이다.

그러나 이것만이 무휼을 주제로 글을 쓰게 된 동기는 아니다. 그의 삶에
는 성공만 있었던 것은 아니다. 패배도 있었고 개인적인 비극도 있었다.

이와 같은 극적인 삶은 흥미롭기도 하지만 역사를 구성하는 하나의 요소로서의 인간이 아닌 살아 있는 인간이라는 존재를 잘 드러내준다고 생각했기 때문이다. 역사의 변동은 항상 합리적인 인과 관계에 의해서만 이루어진 것은 아니다. 그것은 역사의 주체인 인간이 비합리적인 존재이기 때문이다.

역사의 빛깔은 결코 무미건조한 무채색이 아니며 다양한 인물들이 그려내는 놀랍도록 다양하고 화려한 색들이 이루어낸 인상파 예술과 같은 것이라고 생각한다. 이 글을 읽는 이들이 무휼을 삶을 통해 이러한 관점을 조금이나마 공유할 수 있으면 하는 바람이다.

2008년 저자 씀

차 례

강서중묘 널방 동벽 청룡 (사진 동북아역사재단 소장)

연 표

연 도		주 요 사 건	비 고
유리명왕 23년	서기 4년	무휼 탄생	
유리명왕 28년	서기 9년	태자 해명 자살	서기 8년 서한 멸망, 신 건국
유리명왕 32년	서기 13년	무휼 학반령에서 부여군 격파	
유리명왕 33년	서기 14년	무휼 태자 책봉	서기 14년 로마황제 아우구스투스 사망
대무신왕 1년	서기 18년	무휼 즉위	
대무신왕 4년	서기 21년	부여 원정	
대무신왕 5년	서기 22년	대소 살해	
대무신왕 9년	서기 26년	개마 · 구다 정복	서기 25년 동한 건국, 토착인 왕조 낙랑군의 정권 장악
대무신왕 11년	서기 28년	요동군 고구려 침공	
대무신왕 15년	서기 32년	비류나장 교체	이 무렵 예수 사망
		고구려 낙랑 침공	
		낙랑공주 죽음	
		호동 자살, 해우 태자 책봉	
대무신왕 20년	서기 37년	고구려 낙랑 멸망시킴	
대무신왕 27년	서기 44년	동한 고구려 침공 낙랑 지역을 빼앗아 군현으로 삼음	
		무휼 사망, 대수촌원에 장사	

계보도

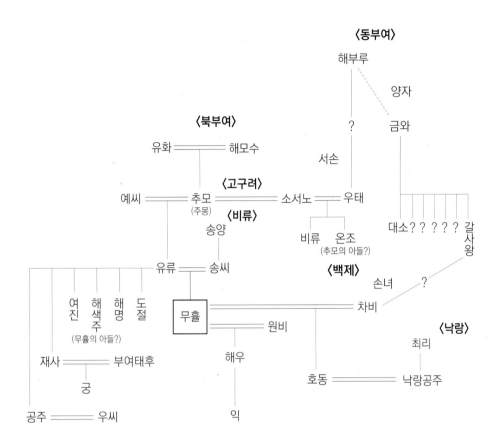

〈동부여〉
해부루

양자

〈북부여〉
유화 ══════ 해모수

?
금와

서손

〈고구려〉
예씨 ══════ 추모
(주몽)

소서노 ══════ 우태

〈비류〉
송양

비류　온조
(추모의 아들?)

대소? ? ? ? ?
갈사왕

〈백제〉

유류 ══════ 송씨

손녀　?

여진　해색주　해명　도절
(무휼의 아들?)

무휼 ══════════════════════ 차비

원비

〈낙랑〉
최리

재사 ══════ 부여태후

해우

호동 ══════════════ 낙랑공주

궁

공주 ══════ 우씨

익

══════ 혼인관계

─────── 혈연관계

대무신왕(大武神王) 5년(서기 22년),

무휼(無恤)은 고구려의 운명을 바꿀 북진 길에 오르고 있었다. 부여를 치기 위한 출전이었다. 일찍이 누구에게도 패한 적이 없다고 하는 무적의 나라, 고구려에게 있어 부여는 넘을 수 없는 산과 같은 존재였다.

원정을 주도한 이는 십대의 어린 군주, 이것은 누가 보아도 승산이 없는 전쟁이었다.[1] 이 전쟁의 승패에 따라 고구려의 존폐가 결정될 것이다. 과연 무휼이 보고 있던 미래는 어떤 것이었을까? 그는 자신의 승리를 확신하고 있었을까? 그의 두 어깨에 고구려의 운명이 걸려있다는 사실을 그도 모르지는 않았을 것이다.

이번 전쟁이 두 나라의 운명을 좌우할 것이라는 사실은 노 제왕 대소(帶素)도 예감하고 있었다. 그래서 이미 노쇠한 몸이지만 무거운 갑옷과 투구를 걸치고 친히 전쟁터로 나선 것이다.[2]

고구려의 침공에 맞서 군사들을 독려하면서 대소는 고구려와의 지난 일들을 떠올리지 않았을까? 누가 보아도 참으로 질긴 악연이었다. 고구려를 만든 것은 그 누구도 아닌 추모(鄒牟 : 주몽)를 부여 밖으로 내몬 대소 자신이었다. 이제 추모의 손자가 자신의 나라로 칼을 빼들고 달려오고 있었다. 대소에게 있어 고구려와의 전쟁은 아직 끝나지 않은 자신의 과거와의 대결이기도 하였다.

대소가 고구려의 어린 군주가 감히 부여를 침공했다는 소식을 들었을 때, 그 치기 어린 무모함을 비웃었을지 모르지만 한편으로는 그가 만만치 않은 상대임을 직감하고 있었을 것이다. 고구려의 애송이를 상대로 대 부여의 군주가 백발을 휘날리며 스스로 말을 몰고 있었다는 사실 자체가 대소의 내부에 감추어진 일말의 불안감을 드러내고 있었다.

그 작은 불안감이 대소를 조급하게 만든 것일까? 그는 성급히 말을 채찍질했고 짧은 순간 판단을 잘못하여 말을 진흙 수렁에 빠뜨렸다.

아주 작은 실수였을 뿐이지만 그 작은 실수를 무휼은 놓치지 않았다. 그는 곧바로 근처에 버티고 있던 장군 괴유(怪由)에게 호령하였다. 괴유는 젊은 군주의 기대를 결코 저버리지 않았다.

그는 군주의 명령에 즉각 호응하여 칼을 빼어들고 고함을 내지르며 대소에게 달려들었다. 괴유는 부여의 대군이 혼란에 빠진 틈을 이용하여 군사들을 뚫고 나아갔다. 대소가 자신의 위기를 깨달았을 때에는 이미 너무 늦었다.

그렇게 한때 만주의 패권을 장악하였던 늙은 영웅의 목은 힘없이 굴러 떨어졌다. 이제 늙은 거목은 쓰러졌고 고구려의 앞을 가로막고 있던 산도 무너져 내렸다.[3]

무휼의 삶에 있어서 대소의 목숨을 끊어놓았던 그 때가 그에게는 가장 기억에 남는 순간이었을 것이다. 비록 이 전쟁에서 고구려의 전과는 대소의 목뿐이었지만 그것은 확실히 부여가 더 이상 넘을 수 없는 산이 아님을 보여주는 상징적인 사건이었다.

고구려가 천하의 중심임을 알리는 제국의 기념비라고 할 수 있는 국강상광개토경평안호태왕릉비(國岡上廣開土境平安好太王陵碑)에는 시조 추모(鄒牟)와 그의 아들 유류(儒留) 그리고 대주류왕(大朱留王)의 이름이 새겨져 있다. 『삼국사기(三國史記)』는 무휼을 대해주류왕(大解朱留王)이라고 부르기도 하였다고 말하고 있다. 따라서 비문에 나오는 대주류왕은 대해주류왕 무휼을 가리키는 것이 틀림없다.

비문은 무휼의 업적에 대해 자세한 기록을 남기고 있지 않지만 그를 시조 및 그의 아들과 나란히 새기고 있다는 것은 무휼의 자취가 고구려 역사에 큰 영향을 끼쳤음을 무언으로 동의하고 있는 것이다. 게다가 능비에는 광개토태왕과 이 세 군주만이 등장하고 있을 따름이다.

이는 이 비를 세운 장수태왕(長壽太王)과 당시 고구려 사람들이 광개토태왕(廣開土太王)의 위대한 업적이 이들 세 군주의 바탕 위에서 이루어진 것임을 공식적으로 인정하였음을 의미한다.

고구려를 건국하고 기틀을 닦은 시조 부자, 그리고 고구려를 제국으로 끌어올린 위대한 정복군주와 동일하게 고구려인들의 존경을 받은 무휼이라는 인물에 대하여 보통 사람들은 아마도 낯선 느낌을 받을 것이다. 역사에 남다른 흥미가 없는 사람이라면 아예 그의 이름조차 모를 수도 있다.

하지만 그는 고구려인들에게는 매우 유명한 인물이었다. 그와 함께 그 시대를 살았던 고구려 사람들은 그에게 아주 특별한 호칭을 올려 그에 대한 존경심을 후세에 남기고자 했다. 그가 받은 호칭은 바로 위대한 전쟁의 신[大武神]이었다.

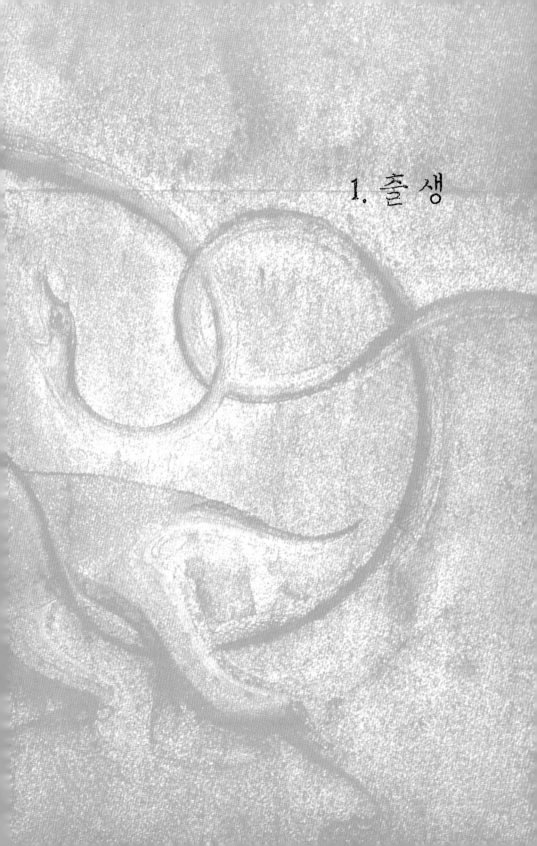

1. 출생

무휼(無恤)은 추모(鄒牟 : 주몽)의 손자이며 유류(儒留)의 셋째 아들이다.

무휼에 대한 기록은 대체로 네 단계를 거쳐 전해진 것이라고 볼 수 있다. 첫째는 고구려 초기에 성립된 것으로 보이는 『유기(留記)』 100권이다. 『유기』는 국초에 성립되었다고 하는데 정확한 편찬 시기는 불분명하지만 무휼에 관한 기록은 포함되어 있었을 것이다.

이후 『유기』는 영양 임금 때 이문진(李文眞)에 의하여 『신집(新集)』 5권으로 정리된다. 『신집』 5권에 실려 있던 무휼에 대한 자료는 고려 초까지 전해져 『삼국사(三國史)』 편찬 시 활용되었을 것이다. 이 『삼국사』의 기록은 김부식의 『삼국사기(三國史記)』에 전해져 오늘에 이르고 있다(鄭尙均, 1997, 1쪽). 물론 위에서 밝힌 것은 대략적인 흐름일 뿐이다. 실제로는 여러 자료가 있었을 것이고 다양한 경로를 통해 전해져 왔을 것이다.

하지만 우리가 오늘날 접할 수 있는 무휼에 대한 대부분의 기록은 『삼국사기』에 실려 있는 것이며 그 밖의 약간의 기록을 『삼국유사』나 기타 기록을 통해 찾아볼 수 있을 뿐이다.

우리는 아쉽게도 그에 대하여 알고 있는 것이 거의 없다. 2천년이란 시간을 생각하면 그리 놀라운 일도 아니지만 기본적인 정보조차 불확실한 경우가 있다.

예를 들면 무휼이라는 이름도 그의 본명인지 확신할 수 없다. 그에 대한 칭호는 대무신왕 또는 대해주류왕이라는 기록이 남아 있다. 또한 국강상광개토경평안호태왕의 비문에는 대주류왕이라는 글이 보인다.

『삼국유사』에는 대호신왕(大虎神王)이라는 표현도 보이는데, 고려 혜종(惠宗)의 이름이 왕무(王武)여서 그 임금의 이름을 피하기 위해 무(武)자를 호(虎)자로 바꾸어 쓴 것이므로 대무신왕(大武神王)과 같은 뜻이다.

『삼국유사』에는 무휼의 또 다른 이름으로 미류(味留)를 기록하고 있고 북위(北魏)의 역사를 기록한 『위서(魏書)』는 무휼과 동일한 인물로 보이는 이의 이름을 여율(如栗)이라고 기록하고 있다.

무휼에 대한 이름과 호칭이 이렇게 여러 가지로 전해 내려오는 것은 오랜 세월 기록이 전해지는 과정에서 발생한 오류이거나 우리 말을 한자의 소리와 뜻을 빌려 표현하는 과정에서 비롯된 잘못 등 여러 가지 가능성을 생각해 볼 수 있다.

일찍이 유명한 혁명가이자 역사가인 신채호는 대무신의 무(武), 대주류의 주류(朱留), 무휼(無恤)은 모두 우리 말 '무뢰'로 읽어야 하며 신(神)이라는 뜻이라고 주장한 바 있다(申采浩, 1990, 117쪽).

『삼국유사』에서 무휼의 이름이라고 말한 미류(味留)는 대주류(大朱留)의 주류를 잘못 기록한 데서 기인한 듯하지만 『위서』가 무휼의 이름을 여율이라고 기록하고 있는 까닭도 알 수 없다. 때문에 무휼이 대무신의 본명인지는 분명하지 않다.

다만 비록 편찬 시기는 늦지만 기존 고구려의 역사서를 바탕으로 이루어진 『삼국사기』의 기록을 존중하여 이 글에서는 대무신의 이름을 무휼로 인정하고자 한다.

유류의 등극

무휼은 궁전에서 귀하게 태어났지만 사람들의 눈을 잡아끌 만큼 특별한 일은 없었던 모양이다. 아마도 여느 아기들보다는 호사스런 물품과 보배들에 둘러싸여 있었겠지만 그 이상은 아니었던 듯하다.

하물며 할아버지인 추모와 같이 알에서 태어났다거나 하는 흥미로운 이야기는 더욱이 그와는 거리가 멀었다. 무휼의 출생은 그의 삶과 마찬가지로 철저히 현실적인 것이었다.

그가 이 세상에 태어난 것은 순전히 그의 아버지인 유류의 인내와 모험심 때문이라고 해야 할 것이다. 유류가 현실에 안주하여 부여에서 살았더라면 무휼은 태어나지 않았을 것이다. 그의 어머니인 송씨(宋氏)는 부여의 여인이 아니라 고구려 유력 세력의 여식이었다.

유류는 추모가 아직 부여에 있을 때 혼인한 예씨(禮氏)에게서 낳은 아들이다. 유류의 정확한 탄생 연도는 알려져 있지 않지만 추모가 부여를 탈출한 이후에 태어난 것은 확실한 것 같다.

유류는 추모가 없는 상태에서 어머니와 단 둘이 생활하였기 때문에 불행한 어린 시절을 보냈으리라 생각된다. 게다가 추모가 부여를 떠난 후 이를 비난하는 대소와 같은 인물들 때문에 생존의 위협을 느꼈을 가능성도 크다. 하지만 그는 이러한 상황에 굴하지 않고 일찍부터 아버지 추모를 찾아 부여를 떠날 결심을 하였던 것 같다.

그리고 마침내 어머니와 동료들을 데리고 부여로부터의 탈출을 시도하여 고구려로 남하하는 데 성공하였다. 그는 추모가 자신의 핏줄임을 증명하는 증표로 남겨놓은 부러진 칼을 통해 추모의 아들임을 인정받고는 마침내 태자에 책봉되기에 이르렀다. 결국 이렇게 해서 그의 고난에 찼던 삶은 막을 내리고 행복한 결말을 맺는 듯했다.

하지만 유류의 시련은 이것으로 끝나지 않았다. 그가 고구려에 도착하여 태자로 책봉된 지 겨우 몇 개월 뒤에 아버지 추모가 갑작스럽게 사망하였다.

추모의 죽음으로 유류는 또다시 외톨이가 되었다. 고구려에서 전혀 기반이 없었던 유류에게 추모의 죽음은 단순히 아버지를 잃은 것 이상으로 큰 충격이었을 것이다. 그는 고구려에서도 부여에서와 마찬가지로 스스로의 생존을 위하여 분투해야 하는 상황에 처하게 되었다.

건국 초기 고구려의 상황

유류가 고구려에 도착했을 당시 고구려의 중앙을 장악하고 있던 세력은 대략 다음과 같았다.

우선 고구려를 세우는 데 중심이 된 추모의 세력이 있었다. 오이(烏伊), 마리(摩離), 협보(陜父)로 대표되는 부여에서 이주해 온 세력과 재사(再思), 무골(武骨), 묵거(黙居)와 같은 추모가 부여에서 고구려로 남하하던 도중에 새로 흡수한 세력이 그들이었다.

그리고 추모가 새로운 고구려를 세우는 데 협력한 졸본(卒本)의 토착세력이 있었다. 추모는 자신에게 우호적이었던 토착세력과 일종의 혼인동맹을 맺음으로써 고구려를 세웠다.

『삼국사기』는 추모가 졸본으로 이주한 후 그 곳의 여성과 혼인했다는 기록을 전하고 있다. 추모와 혼인했다고 전해지는 여성은 졸본부여의 공주, 월군녀(越郡女), 연타발(延陀勃)의 딸 소서노(召西奴) 등이 있다.

이 세 여성에 대해서는 알려진 바가 거의 없는데, 동일한 사람을 가리키는 것인지 아니면 서로 다른 사람을 가리키는 것인지조차 정확히 알수 없다. 다만 추모가 이러한 혼인을 통해 졸본지역에서 자신의 세력을 강화했다는 사실을 확인할 수 있을 뿐이다.

사실 고구려는 추모가 처음 세운 것은 아니다. 고구려는 최소한 위만조선과 서한(西漢)이 전쟁을 벌였던 서기전 2세기 이전에 이미 존재하고 있었다. 서한이 만주를 침략하여 위만조선을 멸망시키고 그 곳에 설치한 현도군(玄菟郡) 안에는 고구려현이 보이는데 이는 서한이 침략할 당시 이미 고구려가 존재하고 있었음을 증명하는 것이다.

『삼국사기』도 이미 서기전 3세기 이전부터 고구려가 존재하였다고 기록하고 있다.

『삼국지(三國志)』에는 고구려는 본래 연(소)노부(涓(消)奴部)라는 세력이 정권을 장악하고 있었는데 뒤에 계루부(桂婁部)라는 세력이 이를 차지했다는 기록이 있다. 많은 연구자들은 이러한 변화가 추모에 의해 이루어진 것이라고 보고 있다.

그런데 고구려의 건국지인 졸본이 졸본부여라고 불렸다는 사실은 고구려 지역에 추모 이전에 이미 부여에서 이주해온 세력이 존재했다는 의미로 해석할 수 있다. 졸본이라는 이름 자체가 샛별이라는 뜻의 부여 말에서 유래했다는 주장도 있다(이등룡, 1997).

그리고 이들 옛 부여의 이주민들은 졸본의 상위신분을 구성하고 있었을 것으로 보이는데 이는 졸본이 고구려가 아니라 부여라고 불렸다는 사실을 통해 잘 알 수 있다.

하지만 졸본을 중심으로 한 지역의 대다수 주민은 고구려 사람들이었을 것이다. 추모는 이러한 사실을 간파하고 고구려라는 나라 이름을 내세운 것이라고 생각된다.

그는 고구려라는 나라 이름을 따라 자신의 성을 고씨(高氏)로 바꾸기까지 하였다고 한다. 이와 같은 추모의 적극적인 노력이 고구려인들의 마음을 움직였던 것이다.

다시 말해서 추모의 고구려 건국은 다음의 두 단계를 거쳐 이루어진 것이다. 먼저 추모는 이방인으로서 졸본에서의 기반이 취약했던 자신의 단점을 보완하기 위해 유력한 토착세력과의 혼인을 통해 세력을 강화하였다.

그리고 이를 발판으로 주위 세력을 정복 또는 회유하는 과정에서 고구려의 부흥을 내세움으로써 그 지역의 다수를 점하고 있는 고구려인들의 지지를 획득하였고 마침내 새로운 고구려를 건국하였다.

따라서 추모가 세운 고구려는 새로운 나라의 창건이라기보다는 혁명을 통한 고구려의 부흥에 가까웠다. 추모는 자신의 목표와 졸본 고구려인들의 바람을 일치시킴으로써 한 나라의 창건자가 될 수 있었다. 이와 같은 사실은 추모가 과감한 결단력과 날카로운 현실감각을 가진 인물이었음을 잘 보여준다.

그리고 고구려 건국의 주도 세력은 아니지만 무시할 수 없는 제3의 세력이 있었는데 추모의 세력에 굴복하기는 하였으나 기존의 막강한 세력을 유지하고 있던 기타의 토착세력이 그들이었다.

이들 세력의 대표가 바로 비류(沸流)였다. 기록에 따르면 비류는 매우 역사가 오래되고 강한 나라였다. 추모는 비록 전쟁을 통하여 비류의 항복을 받아내었지만 그 나라의 임금인 송양(松讓)을 주(主)로 삼아 기존의 특권을 그대로 인정해 주었다. 주란 아마도 제후라는 뜻일 것이다.

이들 여러 세력은 고구려라는 이름 아래 모여 있었지만 이해관계가 모두 제각각이었으므로 이들의 연합은 아직 불안한 상태였다. 이러한 상황에서 이들을 하나로 묶어준 것이 바로 추모라는 존재였다. 그런데 그 구심점이 어느 날 갑자기 사라져 버렸다.

소서노 세력의 이탈

유류의 태자 책봉과 추모의 갑작스런 죽음은 숨어 있던 여러 세력들의 갈등을 드러내는 계기가 되었다. 추모는 고구려 건국 이후 그의 전 재위 기간인 무려 19년 동안 후계자인 태자의 자리를 비워두었는데, 유류가 고구려에 온 지 얼마 되지 않아 바로 그를 태자로 책봉하였다. 추모의 이러한 행위는 그와 함께 고구려를 건국한 졸본부여의 일부 토착세력들에게는 배신으로 받아들여졌을 수 있다.

유류가 아무런 공로도 없이 단지 추모의 혈통이라는 이유만으로 후계자로 결정되자 그는 여러 세력의 질시와 경계의 대상이 될 수밖에 없었을 것이다. 그러한 유류의 후견인이 되어주었어야 할 추모는 그로부터 겨우 몇 달 뒤에 승하하고 말았다. 태자 유류는 고구려의 임금이 되었다. 이 모든 일이 너무 빠르게 진행되었고 유류에게는 영광과 위기가 한꺼번에 밀려들었다.

유류의 등극은 추모와 혼인관계에 있던 소서노(召西奴)와 같은 세력들이 고구려를 떠나도록 만들었다. 소서노는 추모와 혼인하기 전에 전남편 우태(優台)와의 사이에 비류(沸流)와 온조(溫祚)라는 형제를 두고 있었다(온조는 추모의 자식이라는 기록도 있다). 그녀는 우태가 죽은 뒤 홀로 지내다가 추모를 만나 재혼하였다.

44

소서노는 졸본에서 큰 세력을 갖고 있던 여성이었던 모양으로 많은 재산으로 추모가 고구려를 세우는 데 큰 도움을 주었다고 한다. 따라서 소서노는 추모가 자신의 아들들에게 고구려를 물려줄 것이라 기대하였을 것이다. 그러나 추모가 유류를 태자로 책봉하면서 이러한 기대는 산산 조각이 났다. 이후 추모마저 세상을 떠나게 되자 소서노와 비류·온조 형제는 자신들의 기득권마저 잃어버릴 수도 있다는 위기감을 느끼지 않을 수 없었을 것이다.[4]

그들은 자신들을 위한 새로운 나라를 세우기 위해 고구려를 떠났다. 유류로서는 이들의 이탈을 막을 명분도 힘도 없었다.

정략혼인

나라를 세운 지 얼마 되지 않아 나라의 창건자가 사망하고 건국의 주체세력이 고구려를 이탈한 사건은 고구려를 붕괴시킬 수도 있는 심각한 일이었다. 유류가 이 위기를 수습하기 위해 할 수 있는 최선의 방법은 강하고 믿을 수 있는 동맹세력을 구하는 것이었다.

그래서 유류가 선택한 것은 비류였다. 비류는 비록 고구려의 속국이 되었으나 여전히 그들의 세력을 유지하고 있었다. 무엇보다도 비류는 고구려 건국에 주도적으로 참여한 세력들과는 달리 그 처지가 유류와 비슷하였다. 비류는 추모의 정복에 의해 수동적으로 고구려의 구성원이 되었으므로 고구려의 중앙 정계에서 유류와 같이 이방인과 같은 존재였다. 유류가 비류를 필요로 했던 것처럼 비류에게도 유류가 필요하였다.

그런데 유류와 비류의 결합이 소서노 세력 등의 이탈에 의한 어쩔 수 없는 선택이었는지는 확실하지 않다. 오히려 유류는 고구려로 남하한 직후부터 자신의 세력을 강화하기 위해 비류에게 적극적으로 접근하였을 가능성도 있다. 이러한 생각이 옳다면 소서노 세력의 남하는 유류와 비류 세력에 의한 축출이었다고도 해석할 수 있다.

유류와 비류 세력의 결합이 만약 추모 생존 당시부터 추진된 것이라면 추모가 여기에 대해 어떤 반응을 보였을지 궁금하지 않을 수 없다. 만일 추모가 유류와 비류 세력보다 소서노 세력에 더욱 우호적이었다면 추모와 유류 사이에 심각한 갈등이 일어났을 가능성도 무시할 수 없다.

비록 유류가 추모의 친아들이기는 하지만 실제로 부자의 정을 나눌 수 있는 기회는 없었다. 그 두 사람이 부자관계였다고는 하지만 그것은 어디까지나 생물학적인 사실일 뿐 그들의 관계는 남남에 가까웠다고 보는 것이 현실에 가깝다.

이런 상황에서 유류가 자신의 세력 강화를 위해 태자의 지위를 이용하여 친비류 정책을 실시하고자 했다면 추모로서는 이러한 유류의 행동에 부정적인 생각을 가졌을 가능성이 충분하다. 사실 비류는 추모의 가장 강력한 적 가운데 하나였고 여전히 비류의 세력은 막강하였다. 따라서 추모의 우려는 충분히 있을 수 있는 일이었다.

추모가 유류와 비류의 연결에 불만을 품고 있었다면 태자의 지위는 소서노의 아들들에게 돌아갈 가능성도 있었을 것이다. 위와 같은 추정이 옳다면 추모의 갑작스런 죽음은 유류와 비류에 의해 주도면밀하게 계획된 타살이었을 가능성도 생각해 볼 수 있다.

이러한 추정을 가능케 하는 몇 가지 근거들이 있다. 첫째, 유류의 고구려 도착과 추모의 사망시기가 거의 차이가 나지 않는다. 우연이라고 보기에는 분명 석연치 않은 점이 있다. 당시 추모의 나이는 마흔으로 특별히 많은 나이라고 보기도 어렵고 신병이 있었다는 기록도 없다. 이것은 유류가 추모의 죽음과 어떠한 관련이 있지 않을까 하는 추측을 불러일으킨다.

둘째, 당시의 심상치 않은 분위기를 전해주는 기록이다. 광개토태왕릉 비문을 살펴보면 추모가 임금의 자리를 즐거워하지 않았다는 기록이 나온다. 또 「동명왕편」에는 유류가 가져온 칼 조각과 추모가 가지고 있던 칼 조각을 맞추자 피가 흘렀다는 내용이 있다. 물론 이것은 단순한 수사적 표현으로도 볼 수 있지만 어떤 이는 이것을 추모 타살에 대한 은유적인 표현이 아닌가 하고 추측하기도 한다(김미경, 2005).

유류는 그의 젊은 날의 행적으로도 알 수 있는 것처럼 과감하고 결단력을 갖춘 인물이었다. 그리고 남아 있는 기록으로 보건대 그는 잔인한 왕이었다. 첫째 아들인 도절(都切)을 부여의 인질로 보내려고 했고, 둘째 아들 해명을 그의 권위에 도전한다는 이유로 자살하게 만들기도 하였다.

그런데 유류는 과연 아버지인 추모를 살해했을까? 그럴 가능성은 충분히 있다. 하지만 그 확증을 제시하기 어렵다. 다만 분명한 것은 추모의 죽음이 고구려에 위기를 불러일으켰고 이로 인해 유류와 비류의 결합은 더욱 공고해졌다는 사실이다.

그리고 이 두 세력은 확실한 보증을 원했다. 두 세력의 결합이 영원할 것을 약속하는 확실한 담보는 바로 피를 통한 결속이었다.

결국 유류는 송양의 딸과 혼인하였다. 이 혼인으로 비류의 세력은 고구려 왕실의 외척으로서 중앙무대에 화려하게 등장할 수 있었고 유류는 든든한 후원세력을 얻게 되었다.

이렇게 해서 유리명왕 23년(서기 4) 무휼이 태어났다. 한마디로 무휼은 정략혼인의 결실이었다.

무휼 탄생 시기의 고구려 정세

그가 태어날 당시 고구려는 나라 안팎으로 여러 가지 어려운 문제에 부딪히고 있었다. 내부적으로 가장 큰 문제는 갑작스런 천도였다. 나라가 세워진 지 얼마 되지 않은 상태에서 갑자기 졸본에서 국내(國內)로 서울을 옮겨(서기 3) 나라 안의 인심은 아직 안정되지 않고 있었다.

유류는 국내의 땅이 풍요롭고 방어하기 좋은 지세를 이루고 있다는 정보를 듣고 유리명왕 21년(서기 2) 9월 자신이 직접 국내의 지세를 살피고 돌아온 적이 있었다.

그리고 국내를 방문한 지 겨우 1년 만에 서울을 졸본에서 국내로 옮겼다. 이와 같은 갑작스런 천도에는 당연히 많은 무리가 따랐을 것이다. 기록은 남아 있지 않지만 옛 도읍인 졸본에 기반을 두고 있던 많은 귀족이나 백성들이 이와 같은 결정에 반발하였을 것이다.

협보와의 갈등

궁내의 정세 또한 혼란스러웠다. 이런 어수선한 상황 속에서 유류는 아버지인 추모의 옛 신하와도 대립하고 있었다. 유류는 유리명왕 22년(서기 3) 10월 천도를 하였는데 그 해 12월에 질산(質山)이라는 곳으로 사냥을 떠나 5일이 지나도 돌아오지 않았다.

이에 대하여 대보(大輔)의 벼슬에 있던 협보(陜父)가 유류에게 다음과 같은 내용의 충고를 하였다고 한다.

"임금께서 새로 서울을 옮겨 백성들이 불안해하고 있는데 정치에 힘을 쓰지 않고 사냥을 나가 오랫동안 돌아오지 않으니 정치가 어지러워지고 백성들이 흩어져 선대 임금의 업적이 땅에 떨어질까 두렵습니다."[5]

이와 같은 협보의 충고에 유류는 크게 화를 내며 그의 대보 벼슬을 빼앗고 하찮은 관원(官園)의 사무를 맡도록 하였다. 모욕을 당한 협보는 분을 참지 못하여 고구려를 버리고 남쪽의 한(韓)으로 망명하였다.

유류가 질산으로 사냥을 떠난 것은 물론 단순한 유희는 아니었을 것이다. 질산의 위치는 오늘날 정확히 알 수는 없지만 국내에서 멀지 않은 지역이었을 것이고 아마도 사냥의 실제 목적은 민심을 시찰하는 것이었을 가능성이 높다.

그런데 이 같은 유류의 행동을 들어 협보가 비판하자 그는 천도를 비롯한 자신의 정책 자체를 비판하는 것이라고 이해하고 협보의 벼슬을 깎아내리는 극단적인 행동을 취한다. 아마도 이러한 조치는 천도를 반대하는 세력에 대한 경고의 의미도 담고 있었을 것이다.

이에 대한 협보의 반응 또한 극단적인 것이었다. 그는 다른 나라로 망명하는 길을 선택하였던 것이다. 유류와 협보 사이에 갈등의 골이 매우 깊었음을 보여준다.

협보는 일찍이 추모가 부여를 탈출할 때 추모를 바로 곁에서 보좌했던 인물로서 고구려의 개국공신이라고 할 수 있었다. 따라서 고구려 정계에서 협보의 영향력은 매우 컸을 것인데 이 정도의 인물이 고구려를 이탈한 것은 주변에도 커다란 영향을 미쳤을 것에 틀림없다. 상당수의 세력이 협보와 함께 고구려를 떠났을 것이며 협보의 이 같은 망명은 유류에게도 상당한 부담을 안겨주었을 것이다.

부여의 압박

한편 밖으로는 북쪽의 강대국 부여가 고구려의 존립을 위협하고 있었다. 무휼의 탄생을 전후해서는 부여와 직접 충돌한 적은 없었지만 이는 폭풍 전의 고요였을 따름이다.

당시 부여의 세력은 매우 강대하였고, 그 강성함은 이웃 나라들에도 잘 알려져 있었다. 부여의 군주는 신성한 권위를 누렸으며 그의 무덤에는 수백 명의 사람들이 함께 묻혔다. 이처럼 만주에서 패자의 위치를 자부하던 부여에게 새로이 등장한 고구려라는 존재가 달가울 리 없었다.

더구나 고구려 건국의 주요 세력 중 일부는 부여에서 불만을 품고 이탈한 집단이었으므로 부여로서는 고구려의 등장을 결코 환영할 수 없었다. 하지만 부여를 금와(金蛙)가 다스리고 있던 시기에는 부여와 고구려의 관계가 비교적 우호적이었다.

비록 추모가 부여의 궁 안에서 특별히 좋은 대우를 받지는 않았다고 해도 일찍이 추모와 그의 어머니인 유화가 부여의 궁에서 의식주 걱정 없이 생활할 수 있었던 것은 금와의 배려 때문이었다.

그래서 처음부터 추모와 금와의 관계는 대소와의 관계만큼 대립적인 것은 아니었다고 판단된다.

금와는 추모가 새로운 나라의 군주가 된 이상 쓸데없는 충돌은 피하는 편이 좋다고 생각하였던 듯 보인다. 이에 따라 유화가 부여에서 숨을 거두자 금와는 그녀를 태후(太后)의 예로써 장사지내고 그녀의 신묘를 세워주기까지 하였다.

여기서 우리는 금와가 유화의 장례를 후히 치러 주었다는 사실 자체보다는, 그녀를 군주의 어머니인 태후로 대우하였다는 사실을 눈여겨보아야 한다고 생각한다.

태후의 의미에 대해서는 여러 가지 견해가 있을 수 있다. 태후가 추모의 어머니라는 의미인지 금와의 손위 신분이라는 의미인지 불분명하기 때문이다. 유화의 남편인 해모수(解慕漱)가 동부여와 혈연관계였다면 유화는 금와의 어머니나 형수뻘이었을 가능성도 무시할 수 없다.

이에 대해서 현재로서는 단정하기 어렵지만 태후의 구체적인 의미가 무엇이든 유화를 '태후'로 인정했다는 사실은 주목하여야 한다. 이것은 외교적으로 부여가 추모와 고구려의 존재를 공식적으로 인정한 것이라고 볼 수 있기 때문이다.

추모 또한 사신을 보내 금와의 선의에 대해 고마움을 표시하고 부여에 대한 적대적인 행동은 피함으로써 그의 우호적인 노력에 화답하고자 하였다. 추모의 재위 시기에 유지된 두 나라 사이의 평화는 이제 막 걸음마를 시작한 고구려가 자리를 잡는 데도 큰 기여를 하였다.

그러나 두 나라의 평화는 추모와 금와라는 두 군주에 의해 주도된 것이라는 데 한계가 있었다. 부여와 고구려는 서로 세력을 확대하고자 하였기 때문에 두 나라의 사이의 대립은 피하기 어려운 것이었다.

따라서 고구려의 추모가 죽고, 부여에서는 금와의 뒤를 이어 대소가 임금으로 즉위하게 되자 고구려와 부여의 관계는 급속히 악화되었다.

대소는 추모가 부여에 있을 때부터 사이가 좋지 않고 심지어 추모를 살해하려고 하였던 인물이다. 따라서 대소에게 추모와 고구려는 눈엣가시 같은 존재였다.

대소는 주변 여러 나라를 병합하여 조금씩 세력을 넓혀나가는 고구려를 의혹의 시선으로 바라보지 않을 수 없었을 것이다. 결국 고구려의 세력 확장을 더 이상 방치할 수는 없다고 판단했는지 마침내 유리명왕 14년(서기전 6) 대소는 고구려에게 인질을 요구하였다.

유류는 부여의 강대함을 두려워하여 태자인 도절을 인질로서 부여에 보내고자 하였다. 하지만 태자가 부여에 가는 것을 두려워하여 끝내 인질이 되는 것을 거절하였고, 이 사건은 부여의 분노를 샀다.

당시 부여를 다스리던 대소는 이 일을 빌미 삼아 그 해 겨울 5만이라는 대병력을 동원하여 고구려를 침략해 왔다. 뜻밖에 큰눈이 내리는 바람에 부여의 대군은 별다른 소득 없이 물러갔지만 만일 전면적인 전투가 벌어졌다면 고구려의 존립은 장담하기 어려웠을 것이다.

무휼은 이러한 안팎의 어려움 속에서 태어났다. 어려운 때일수록 작은 기쁨이 더욱 소중해지기 마련이다. 무휼의 탄생 소식은 뒤숭숭한 분위기 속에서도 유류나 그의 식구들에게 잠시나마 작은 생기를 불어넣었으리라 생각된다. 특히 당시 태자였던 도절의 죽음으로 아들이 하나뿐이었던 유류에게는 더욱더 그러했을 것이다.

2. 무휼의 식구들

한 인물의 성격이 형성되는 데 부모와 형제자매가 가장 큰 영향을 미친다는 사실은 새삼 강조할 필요가 없을 듯하다. 당연한 일이지만 무휼도 한 나라의 군주이기 전에 한 가정의 일원이었다. 그에게는 여러 명의 형제와 누이가 있었는데 특히 손위 형인 해명(解明)에게서 많은 영향을 받았던 것으로 보인다.

아버지 유류

유류는 아마도 무휼에게 가장 큰 영향을 미친 인물 가운데 하나였겠지만 부자관계를 알려주는 직접적인 기록은 전하지 않는다. 그러나 유류와 무휼의 나이 차이가 수십여 년이나 되고 권위적이었던 궁내 분위기로 보건대 그리 다정한 부자지간은 아니었을 것으로 추정된다.

유류와 무휼의 어머니인 송씨와의 혼인도 어디까지나 정치적 결정이었으므로 부부 사이가 특별히 다정했을 것 같지 않다. 추측일 따름이지만 이러한 부부 관계는 부자 사이의 관계에도 영향을 끼쳤을 것이다.

유류는 또 다른 아들인 여진(如津)이 물에 빠져 죽었을 때 크게 슬퍼하였는데 유류는 이 때문에 사망한 것이 아닌가 한다. 따라서 유류가 자식에 대해 아버지로서의 마음이 전혀 없었던 사람이라고는 할 수 없지만 적어도 권력 문제에서는 부자간의 정 같은 것은 버릴 수도 있는 인물이었다. 이는 아들 해명과의 관계를 통해서 분명히 알 수 있다.

무휼이 아직 어린 나이였을 때 유류는 태자인 해명이 자신의 권위에 도전한다는 이유를 들어 그를 자살하게 하였다. 이는 어린 무휼에게는 매우 충격적인 사건이었을 것이다. 해명은 무휼의 바로 손위 형이었으므로 이러한 비극을 겪은 소년이 아버지와 친밀한 관계를 유지하기는 어려웠을 것이다.

다만 무휼이 태어났을 때는 큰아들 도절이 죽고 난 이후라서 셋째 아들이었던 무휼은 장래의 예비 후계자로서 유류의 관심을 받으며 자랄 수 있었으리라 생각된다.

어머니 송씨

그의 어머니는 비류주(沸流主) 송양(松讓)의 딸이었다. 기록에는 유류와 혼인한 송양의 딸은 무휼이 태어나기 훨씬 전에 사망했다고 한다.

때문에 『삼국사기』의 기록에 문제가 있다고 보는 이들도 있다. 어떤 이는 송양의 딸의 사망 기록은 후세에 삽입된 잘못된 기록이라고 주장하기도 한다(金承璨, 1969).

그러나 누가 보아도 이 명백한 모순을 『삼국사기』 편찬자들이 몰랐을 리 없다. 그럼에도 이러한 기록을 남겼던 데는 분명 이유가 있었으리라 생각한다.

무휼의 어머니가 송양의 딸이라는 사실이 정확하다면, 비류주 송양
은 유류에게 최소한 둘 이상의 딸을 혼인시켰다고 볼 수 있다. 어차피 혼
인의 목적이 두 세력의 굳건한 결합에 있다면, 혼인의 방법이나 절차는
부차적인 문제일 뿐이다.

아마도 송양에게는 딸이 여럿 있었을 것이고 유류와 처음 혼인한 딸
이 너무 일찍 죽어버리자 또 다른 딸을 유류에게 시집보냈던 것이라고
추측할 수 있다.

오늘날의 기준으로 보면 쉽게 받아들이기 어렵지만 당시 고구려에서
자매가 한 남자를 남편으로 삼는 것이 특별히 흠이 되었다는 기록은 없
다. 고국천(故國川) 임금의 아내였던 우씨(于氏)가 그녀의 시동생인 산
상(山上) 임금과 재혼한 사실만 보아도 당시 혼인풍습은 오늘날과는 많
이 달랐다.

신라의 경우 실제로 자매가 한 남성을 배필로 맞이하는 일이 가능했
음을 기록을 통해 확인할 수 있다. 후에 경문(景文) 임금이 된 김응렴(金
膺廉)은 본래 국선(國仙)이었는데, 헌안(憲安) 임금이 응렴의 인품을 마
음에 들어하여 자신의 딸을 주려는 뜻을 밝혔다.

당시 헌안 임금에게는 두 딸이 있었는데 둘째 공주가 첫째 공주보다

더 아름다웠다. 이에 응렴의 부모는 둘째 공주를 아내로 맞이하기를 바랐지만 응렴이 이끌던 무리 가운데 우두머리였던 범교사(範敎師)가 첫째 공주를 아내로 맞이하면 뒤에 세 가지 좋은 일이 있을 것이라고 충고하였다.

응렴은 결국 범교사의 말에 따라 첫째 공주와 혼인하였고, 헌안 임금이 붕어하자 사위인 응렴이 그 뒤를 이어 임금이 되었다.

그런데 범교사가 일러준 첫째 공주와 혼인을 함으로써 이루어진 세 가지 좋은 일 가운데 하나는 응렴이 첫째 공주를 배필로 맞이하여 임금이 됨으로써 흠모하는 둘째 공주와도 쉽게 혼인을 할 수 있게 된 점이었다.[6] 이는 곧 신라에서는 자매가 동시에 한 남자와 혼인하는 일이 가능했음을 보여준다.

중국에서도 요임금은 순임금에게 자신의 두 딸인 아황과 여영을 시집보냈다는 기록이 있다. 비록 전설이지만 요나 순 임금은 4천 수백여 년 전의 인물로 전해지고 있어서 이러한 풍습은 자못 오래 되었음을 추측할 수 있다(선정규, 1996, 251쪽).

어쨌든 어머니가 막강한 권력을 지닌 비류주 송양의 딸이라는 사실은 어린 무휼에게 훌륭한 울타리가 되어주었을 것이다. 그리고 그가 후에 고구려의 임금이 되는 데에도 큰 도움이 되었을 것으로 추정된다.

하지만 어머니 쪽의 강대한 배경이 언제나 무휼에게 이점으로만 작용한 것은 아니다. 무휼이 둘째 형인 해명의 자살로 임금 자리에 오르게 되자 이제까지의 울타리는 그의 꿈을 가로막는 장벽으로 작용하였던 것이다.

임금의 권력에 버금가는 세력이 고구려 내에 존재한다는 사실 그 자체가 적어도 군주인 무휼에게는 커다란 모순이었다. 더구나 그 세력이 어머니와 연결되어 있다는 사실은 무휼에게 개인적으로도 부담으로 작용할 수밖에 없었다.

화희

화희(禾姬)는 대중적으로 제법 알려진 인물로서 유류의 비이다. 화희가 유명해진 것은 그녀가 이른바 「황조가」의 창작과 관련된 여인이기 때문이다. 유류는 재위 2년째 되던 해에 송양의 딸과 혼인하였는데 송씨는 바로 다음 해에 사망하였다. 이 여인은 무휼의 어머니의 자매로 추정된다.

송씨의 죽음을 계기로 유류는 두 명의 계비를 들였는데 이 가운데 한 여인이 바로 화희였다. 또 다른 여인은 치희(雉姬)로서 서한(西漢) 사람이었다.

화희는 치희와 더불어 유류의 사랑을 얻기 위해 경쟁하였기 때문에 사이가 좋지 않았다고 한다. 유류는 화희와 치희가 사이가 좋지 않은 점을 고려하여 양곡(凉谷)이라는 곳에 두 채의 궁을 지어 각각 따로 살도록 배려하였다.

뒤에 유류가 기산(箕山)으로 사냥을 나갔다가 7일 동안 돌아오지 않았는데 그 사이 둘 사이에 큰 싸움이 일어나고 말았다. 이 때 화희는 치희를 다음과 같이 비난했다고 한다.

"한나라의 천한 첩년이 어찌 이리도 무례함이 심하느냐?"[7]

이에 참을 수 없는 모욕감을 느낀 치희는 고구려를 떠나 자신의 나라로 돌아가 버렸다. 유류가 뒤에 이 이야기를 듣고는 곧 치희를 뒤따라 갔지만 치희는 분에 못 이겨 돌아가기를 거절하였다.

결국 혼자서 돌아올 수밖에 없었던 유류는 돌아오던 길에 짝을 지어 나는 황조(꾀꼬리)를 보고 배우자를 잃은 슬픈 마음을 담아 시가를 지었는데 이것이 이른바 「황조가」이다.

　　펄펄 나는 꾀꼬리는
　　암수 서로 정다운데
　　외로워라 이 내몸은

뉘와 함께 돌아갈꼬 (이미영, 1994)

화희는 골천(骨川)이라는 지역 사람인데 유류가 화희와 혼인하기 수 개월 전에 골천에 이궁을 지었다는 기록이 있다. 이는 유류와 골천 지역이 긴밀한 유대 관계를 맺고 있었다는 암시이며 화희와의 혼인 역시 정략적인 목적에서 이루어진 것이었음을 짐작케 해준다.

이에 반하여 치희는 서한 출신의 외국인으로 그녀의 신분은 그리 높지 않았던 것으로 보인다. 치희에 대한 화희의 경멸적인 비난은 신분적인 우월의식과 당시 고구려인이 품고 있었던 반한감정의 표현이라고 여겨진다.

치희의 신분으로 보건대 치희와의 혼인은 어디까지나 유류의 연애감정 때문이었던 것이 아닌가 한다. 아마도 유류는 치희를 매우 사랑하였던 것으로 보이는데 그가 지었다는 「황조가」를 보아도 그녀에 대한 사랑을 느낄 수 있다.

추정일 뿐이지만 이 사건으로 인해 유류는 화희에게 더욱 냉담해진 것이 아닌가 한다. 실제로 이 사건 이후 화희에 대한 기록은 찾아볼 수 없다. 애초에 정략적인 혼인이었으므로 유류가 화희에게 특별히 우호적인 감정을 품었을 가능성은 낮아 보인다. 또한 다물후(多勿侯) 송양의 딸인 송씨 등에 비해 고구려 정계에서 차지하는 그녀의 위치 또한 그리 높지 않았던 것으로 추측된다.

골천과의 관계를 생각할 때 그녀에 대한 대우는 나쁘지 않았을 것으로 보이지만 그녀의 개인적인 삶은 적적하였을 듯하다. 무휼은 화희를 어머니로 대우하였을 것이고 분명 접촉이 있었을 것으로 보이지만 아쉽게도 무휼과의 관계는 불분명하다.

원비

무휼에게는 아마도 여러 명의 후비가 있었겠지만 기록에 등장하는 것은 원비(元妃)와 차비(次妃) 둘뿐이다. 원비는 고구려에서 영향력 있는 강대한 세력 출신일 것으로 추정된다.

무휼은 원비와의 사이에 해우(解憂)라는 아들을 두었으며 후에 태자 책봉 문제로 원비와 심각한 갈등을 겪게 된다. 원비는 차비(次妃)의 아들 호동(好童)이 태자가 될 것을 우려하여 호동이 자신을 강간하려 했다면서 무휼에게 참소하였으며 이로 인해 결국 호동은 스스로 목숨을 끊었다.

무휼과 원비는 정치적인 적대 관계에 있었으므로 친근한 배우자 관계를 유지하기는 극히 어려웠을 것이다. 해우의 태자 책봉 이후에는 임금 자리를 두고 무휼의 아우인 해색주(解色朱)와 대립하는 등 원비는 고구려 초기의 정계에서 무시할 수 없는 위치에 있었다.

일단 무휼의 뒤를 이어 해색주가 임금의 자리에 오름으로써 원비의 야망은 꺾이는 듯했지만 해색주가 얼마 지나지 않아 사망하였기 때문에 그의 아들 해우가 결국 고구려의 제5대 임금의 자리에 올랐다.

이 때 원비가 살아 있었다면 태후가 되었겠지만 영광의 시간은 오래 가지 않았을 것이다. 해우도 수년 후 피살되었기 때문에 원비가 원했던 최고의 권력은 그리 오래 누릴 수 없었던 것이다.

원비의 권력욕에 대한 시비는 논란의 여지가 있지만 그녀의 강대한 세력이 무휼에게 압력으로 작용한 것은 분명한 듯하다. 무휼은 원비를 중심으로 한 외척세력을 끝내 완벽하게 제어하는 데 실패함으로써 호동의 죽음과 함께 정책 추진력을 급속히 상실하게 된다.

차비

차비(次妃)는 대소의 종손녀(동생의 손녀)로서 부여와 고구려의 화친을 위하여 무휼과 혼인한 것으로 보인다. 정략혼인이었던 까닭에 개인적으로 다정한 배우자 관계를 유지했을 가능성은 낮다.

무휼은 대소를 적대시하고 있었으므로 이러한 감정이 차비에게도 미쳤을 것이다. 하지만 차비와의 사이에 호동을 얻었으며 무휼은 호동을 매우 사랑하였다고 한다.

차비에 대해서는 호동과 관련하여 짧게 언급되고 있는 정도이다. 그녀는 호동의 사망 시의 기록에도 전혀 등장하지 않는데 사료 부족 때문일 수도 있지만 차비가 일찍 사망하였기 때문일 가능성도 배제할 수 없다.

해우

해우(解憂)는 원비의 자식으로서 호동을 제치고 태자가 된 인물이다. 그가 태자에 책봉된 데에는 어머니 원비 세력이 큰 힘으로 작용하였다. 원비는 무휼과의 갈등을 무릅쓰고 호동을 모함하여 그를 자살로 내몬 후 해우를 태자로 책봉시켰다.

그러나 해우의 삶도 순탄치는 않아서 후에 작은 아버지인 해색주와 임금 자리를 두고 대립하였다. 임금의 자리에 올라 대외 원정을 승리로 이끄는 등 치적을 남겼으나 성격이 포악하였으며 가까운 신하에 의하여 살해당하였다.

무휼과의 관계는 분명하지 않지만 무휼이 해우보다 호동을 더욱 총애한 것은 확실하다. 게다가 원비와의 갈등과 그로 인한 호동의 자살 등, 해우의 태자 책봉과 관련하여 개인적인 고통이 매우 컸기 때문에 무휼과 해우의 관계도 점차 멀어지지 않았을까 추측된다.

슬하에 여러 자식이 있었으리라 추정되지만 현재 확인할 수 있는 것은 태자였던 익(翊)뿐이다. 익은 해우가 죽은 이후 태자의 자리를 빼앗겼다.

호동

무휼과 차비 사이에서 태어났다. 외모가 뛰어났고 무휼의 사랑을 받았다. 그러나 무휼의 총애로 인하여 태자가 될지도 모른다는 원비의 의심을 사 정쟁의 소용돌이에 휘말려 들게 된다.

호동은 고구려와 낙랑의 정략적인 목적에 따라 낙랑의 공주 최씨와 혼인하였다. 공주는 호동을 사랑하였던 듯하지만 호동의 그녀에 대한 감정은 확인하기 어렵다. 실제적인 혼인 기간은 매우 짧았기 때문에 둘 사이에 자식은 없었다. 그리고 호동의 사망 당시 나이가 십대 중반인 것으로 추정해 보건대, 다른 자식이 있었을 가능성도 낮다.

호동은 공주에게 고구려를 위해 낙랑의 신물을 파괴할 것을 요구하였다고 하는데 이 때문에 공주는 그녀의 아버지인 낙랑의 임금 최리(崔理)에 의해 목숨을 잃었다. 그러나 실제로 낙랑 공주에게 낙랑의 신물을 파괴하도록 요구한 것은 호동이 아니라 무휼이었을 가능성이 높다.

원비는 호동이 자신을 강간하려 하였다며 무휼에게 모함하였는데 무휼이 호동을 벌주려 하자 자살하였다. 호동의 자살 이후 무휼의 활동이 현저히 축소되었는데 이는 근본적으로 외척세력(원비의 세력)의 확대에 원인이 있다고 추측되지만 호동의 죽음도 그 한 요인일 것이다.

무휼은 해우와 호동 이외에도 더 많은 자식이 있었을 가능성이 있지만 자세한 것은 알 수 없다.

도절

도절(都切)은 유류의 첫째 아들이었던 것으로 추측되며 무휼이 태어나기 이전에 사망하였다. 그는 유리명왕 14년 대소가 요구한 인질로 부여에 갈 것을 거부하여 5만 대군의 침공을 불러일으켰고 그로부터 6년 뒤 갑작스럽게 죽음을 맞이하였다.

도절이 인질로 가는 것을 거부하여 부여의 침공을 초래한 사실은 그에게 상당한 부담이 되었을 것이다. 더욱이 태자라는 막중한 자리에 있었던 까닭에 그에게 무책임하다는 비난도 돌아갔을 것이다.

인질사건 이후 숨질 때까지 그에 대한 구체적인 행적이 남아 있지 않은 것은 그가 이러한 이유로 대외활동을 자제했기 때문이라고 여겨진다.

그가 죽은 지 3년 후에 둘째 아들일 것으로 보이는 해명을 태자로 세웠는데 이는 도절의 장례 기간 동안 새로 태자로 세우는 것을 미루었기 때문일 것이다.

도절의 어머니가 누구였는지는 기록에 남아 있지 않다. 송양의 딸이었을 수도 있고 화희나 또 다른 여성이었을 가능성도 있다. 무휼이 도절을 볼 수는 없었지만 그에 대한 이야기는 부모나 다른 형제 또는 가까운 친척으로부터 들을 기회가 있었을 것이다. 그가 무휼의 동복 형제였다면 그러한 기회가 더 자주 있었을 가능성이 높다.

도절은 존재하지 않았지만 이 명민한 소년은 그의 불행을 자신의 일처럼 받아들이지 않았을까? 도절에 대한 이야기를 들으면서 어린 무휼은 부여가 고구려에게 얼마나 위협적인 존재인가를 일찍부터 알 수 있었을 것이다.

무휼은 할아버지 추모가 대소의 시기로 억울하게 부여에서 쫓겨난 이야기도 잘 알고 있었는데 도절의 불행은 더더욱 대소라는 존재를 그의 내면 깊숙이 각인시켰던 것으로 추측된다.

무휼과 대소와의 대결은 어쩌면 이미 이때부터 시작되고 있었다고 볼 수 있다. 물론 대소는 이러한 사실을 꿈에도 모르고 있었겠지만.

해명

유류의 둘째 아들로 추정된다. 그의 어머니에 대한 기록 역시 존재하지 않는다. 해명(解明)은 도절과는 달리 무휼의 어린 시절을 함께 보낸 손위 형제이다. 따라서 그 역시 무휼에게 큰 영향을 미쳤을 것으로 판단되는데 해명의 삶이 매우 극적이었기 때문에 더욱 그러했을 것이다.

해명은 패기 있는 인물이었던 것 같다. 신체적 능력도 뛰어났던 모양이고 어느 정도 사람들을 끌어모으는 지도자의 자질도 갖추고 있었던 것으로 추정된다. 이것은 분명 태자라는 신분에 어울리는 자질이었지만 그로 인해 주위 사람들의 시기도 따랐을 것이다.

젊은이의 패기는 때때로 오만과 야망으로 사람들에게 비추어질 수 있다. 해명은 이것을 깨닫지 못했던 것 같다. 어쩌면 실제로 야망이 큰 인물이었는지도 모른다. 하지만 큰 야망에는 그만큼의 인내와 신중함이 요구되는 법이다. 그에게는 무엇보다도 신중함이 부족했다. 그것이 그를 비극적인 죽음으로 몰고 갔다.

유류와의 갈등

해명은 천도 이후에도 옛 서울에 계속 남아 있었다. 그가 태자가 된 것은 유류가 국내로 서울을 옮긴 다음 해였기 때문에 개인적으로 나고 자란 옛 서울 졸본이 더 친숙했을 것이라는 사실은 충분히 이해할 수 있는 일이다.

그러나 이미 그는 평범한 군주의 아들이 아닌 태자였다. 태자는 군주의 후계자로서 실질적인 2인자의 자리였다. 그런 태자가 옛 서울에 남아 있다는 사실 자체가 사람들의 입방아에 오르내릴 만한 일이었다. 하지만 태자는 이 문제를 무시하였던 모양이다.

유류의 갑작스런 천도에 실망하고 있던 졸본의 인민들은 태자인 해명이 졸본에 그대로 남아 있다는 사실에 아마도 큰 위안을 받았을 것이다. 태자의 주위에는 그를 지지하는 사람들이 몰려들었을 것이고 태자도 그러한 상황이 만족스러웠던 듯 수년이 지나도 졸본을 떠나려 하지 않았다.

옛 서울의 인민들을 위로하고 어루만지는 일은 태자로서 당연한 일이라고 해명은 스스로 생각했는지도 모른다. 하지만 그것이 태자의 진심이었다고 하더라도 세상이 그것을 이해해주길 기대하는 것은 어리석은 일이다. 그를 시기하는 이들은 태자가 옛 서울에 남아 자신의 무리를 만들고 있다고 속닥거렸을 것이다.

해명의 이러한 처신이 아버지 유류라고 좋게 보였을 리 없다. 천도로 인해 여기저기서 불만이 터져나오고 어수선한 상황에서 태자가 옛 서울에 남아 있다는 것은 천도를 비난하는 사람들에게 좋은 명분거리를 제공하였을 것이다.

유류는 당연히 노여웠겠지만 당분간은 태자가 원하는 대로 두고보기로 하였던 듯하다. 자세한 기록은 남아 있지 않지만 태자에게 몇 번은 국내로 오라고 재촉하였을 것이다. 하지만 태자는 움직이지 않았고 이 때문에 부자 사이의 감정의 골은 깊어만 갔다.

황룡의 활

유류와 해명 사이에 곪아가던 상처는 예상하지 못했던 곳에서 터지고 말았다. 비극은 이웃나라 군주가 보낸 활 하나로부터 비롯되었다.

황룡(黃龍)이라는 나라의 임금은 고구려 태자가 힘이 있고 담대하다는 소문을 듣고 사자를 시켜 튼튼한 활 하나를 보내왔다. 황룡과 고구려는 이웃한 나라로서 서로 좋은 관계를 맺고 있었던 듯하고, 황룡의 군주도 특별한 뜻을 담아서 활을 보냈던 것은 아니었던 듯하다. 단지 장래의 군주인 태자에게 영원한 우호의 표시로서 그의 마음에 들 만한 선물을 하고 싶었을 것이다.

하지만 해명은 놀랍게도 황룡의 군주가 보낸 활을 그 자리에서 꺾어

버리고 말았다. 그것도 사신의 면전에서였다. 황룡의 사신은 어리둥절했을 것이다. 해명은 사신에게 자신의 힘이 센 것이 아니고 활이 약해서 부러진 것이라고 말했다. 한 마디로 좋은 활이 아니라는 뜻이었다.

해명은 황룡국이 고구려를 가벼이 볼까 두려워 활을 꺾었다고 뒤에 자신의 행동을 설명하였다. 이웃나라의 업신여김을 걱정해야만 하는 나라, 해명의 말은 당시 고구려의 불안한 처지를 잘 보여준다.

나라를 걱정하는 해명의 우국심은 높이 살 만하지만 해명의 행동은 자칫하면 소중한 동맹을 적대국으로 만들 수도 있는 일이었다. 가뜩이나 어려운 고구려의 처지에서 우호적인 이웃까지 잃어버린다면 어떻게 될 것인가? 당연한 일이지만 황룡국의 임금은 이 일로 기분이 상했고 이를 안 유류는 크게 분노하였다.

유류는 황룡국의 임금에게 불효한 자식을 자신을 대신해서 죽여달라고 부탁하였다. 이는 황룡국의 임금에게 무례를 사과하는 동시에 계속 우호적인 관계를 유지하고 싶다는 뜻이기도 하였다.

외교문제를 일으킨 당사자가 태자임에도 유류가 서슴없이 태자의 목숨을 내놓겠다고 하니 황룡국의 임금도 그 제안을 거부하기 어려웠을 것이다. 그러나 해명의 잘못이 아무리 크다고 해도 아들의 살해를 타인에게 부탁한다는 것은 누가 보아도 지나친 일이었다.

몇 달 뒤 황룡국은 해명에게 사신을 보냈다. 미리 짜여진 각본대로 해명을 죽이기 위한 초대였다. 아무런 이유도 없이 갑자기 해명을 초대한 것에 대하여 태자의 주위 사람들은 황룡국의 정확한 의도를 알지 못하면서도 막연한 불안감을 느끼고 있었다.

초청에 응하지 말 것을 충고하는 이도 있었지만 태자는 하늘이 나의 죽음을 허락하지 않는다면 황룡의 군주가 어찌할 것인가라고 말하며 황룡국의 초대에 응했다.

막상 태자를 만난 황룡국의 임금은 해명을 죽이지 못했다. 해명의 당당한 태도가 맘에 들었는지 황룡국의 임금은 해명을 예로써 전송해 주었다. 이렇게 해서 황룡국의 군주는 해명의 무례를 용서한 듯하지만 아버지 유류의 노여움까지 잠재우지는 못했다.

해명의 자살

유류는 끝내 태자에게 칼을 내렸다. 스스로 목숨을 끊으라는 뜻이었다. 유류는 사신을 함께 보내 옛 도읍에 남아 임금의 뜻을 따르지 않고 이웃나라와의 우호를 깨뜨렸다며 해명을 질책하였다.

해명은 구차히 살려고 하지 않았다. 황룡국의 초대에 응했던 그때처럼 태자는 당당하게 죽음을 맞이하고자 하였다. 해명이 태자임을 강조하며 다시 한번 임금의 뜻을 알아볼 것을 권하는 사람도 있었지만 그는 황룡의 활을 꺾었던 일을 자책할 뿐이었다.

그는 물가 벌판으로 가 바닥에 창을 꽂았다. 태자는 그 위로 말을 달려 끝내 창에 찔려 목숨을 잃었다. 그 때 태자의 나이는 스물하나였다. 해명의 죽음은 많은 고구려 사람들을 슬프게 만들었던 모양이다. 그들은 해명이 목숨을 잃은 그 곳을 창의 벌판이라고 이름 붙여 해명을 기억하려고 하였다.

해명은 용기가 있는 사람이었다. 나라를 사랑하는 마음도 강했고 사람을 잡아끄는 매력도 있었다. 한 마디로 한 나라의 군주가 될 만한 인물이었다. 그러나 그는 그 문턱에서 좌절하였다. 옛 도읍에 남아 있던 것이 결정적인 실수였다.

해명은 끝내 유류와의 갈등을 풀 수 없었다. 유류는 해명을 아들이 아닌 불충한 신하로 대우했고 끝내는 자결을 명했다.

이 비극적인 사건을 목격하면서 무휼은 군주에게는 부자 사이의 천륜도 언제든지 버릴 수 있는 것임을 뼈저리게 느꼈을 것이다. 그때 무휼의 나이는 겨우 여섯이었다.

해색주

해색주(解色朱)는 무휼의 동생으로 대무신왕의 뒤를 이어 제4대 임금 자리에 올랐다. 당시에는 이미 무휼의 아들인 해우가 태자 자리에 있었기 때문에 그의 등극은 비정상적인 것이었다고 할 수 있다.

『삼국유사』에는 해색주가 무휼의 아들이라는 기록이 있는데 당시의 정황으로 볼 때 그럴 가능성은 매우 낮다고 할 수 있다.

해색주가 무휼의 또 다른 아들이었다면 태자가 어리기 때문에 임금으로 추대되었다는 『삼국사기』의 기록은 자연스럽지 못하다.

해색주가 무휼의 아들이라는 설은 아마도 해색주가 무휼의 바로 뒤를 이어 제4대 임금으로 즉위하였기 때문에 생겨난 듯하다. 후대에 임금의 자리란 아버지와 아들 사이에 계승되는 경우가 일반적이 되면서 둘 사이가 부자관계로 잘못 전해졌을 가능성이 있다.

그의 치세는 순탄하지 않아서 자연재해와 기상이변, 그리고 민심의 이반 등 갖가지 불행한 사건이 잇달았다. 재위기간은 매우 짧았으며 눈여겨 볼만한 업적도 남기지 못했다.

해색주는 자신이 죽기 한 해 전에 자신의 장지를 민중원(閔中原)의 한 동굴로 해달라고 부탁했는데 아마도 당시의 어수선한 분위기와 관련이 있을 것으로 짐작된다.

무휼과의 관계는 알려진 것이 전혀 없다. 다만 그가 태자를 제치고 임금의 자리에 올랐던 사실로 보아 나름대로 상당한 지지세력을 확보하고 있었을 것으로 추정된다.

그 밖의 누이와 형제들

무휼에게는 여진(如津)이라는 또 다른 형제가 있었다. 그 역시 남아 있는 기록이 거의 없기 때문에 무휼과의 관계는 전혀 알 수가 없다.

여진은 유류의 재위 마지막 해에 물에 빠져 목숨을 잃었다. 유류는 매우 애통해했고 사람들을 시켜 여진의 주검을 찾도록 하였다. 하지만 여진의 주검은 곧바로 찾을 수 없었고 뒤에 비류의 제수(祭須)라는 사람에 의해 발견되었다. 유류는 제수에게 후하게 보상해주었고 여진은 예를 갖추어 왕골령(王骨嶺)이라는 곳에 장사를 지냈다. 여진이 죽은 후 몇 달 뒤에 유류도 세상을 떠났다.

또 다른 무휼의 형제인 재사(再思)는 부여 출신의 여성과 혼인하여 궁(宮)이라는 아들을 낳았는데 궁은 후에 고구려의 태조(太祖) 임금이 되었다. 무휼도 부여 여인과 혼인하였는데, 당시 부여에 요구에 따른 정략혼인이었다. 재사의 배우자는 매우 뛰어난 여성이었던 것 같다. 그녀는 비록 부여 여성이었지만 자신의 아들인 궁이 즉위하자 수렴청정을 하면서 치적을 남겨 고구려의 역사에 영향을 미쳤다.

　무휼에게는 누이도 있었다. 이 누이에 대한 자세한 기록은 없지만 무휼이 네 살 때 혼인한 것을 보아 나이는 무휼보다 많았을 것이다. 그녀의 배우자인 우씨(羽氏)는 기산(箕山)이라는 지역의 출신이었다.

　기산은 고구려의 여러 임금이 사냥터로 애용하였던 곳으로 고구려 왕실과 친밀한 관계를 맺고 있었다(李玉洙, 1991). 기산이라는 이름 자체가 기의 산, 곧 임금의 산이라는 의미였을 가능성이 있다.

　유류는 자신의 권력 기반을 강화하고자 기산의 유력자인 우씨에게 공주를 시집보낸 것으로 여겨진다. 우는 깃을 뜻하는데 그의 겨드랑이에 깃털이 있었기 때문에 유류가 그런 성을 내려 주었다고 한다. 이들 외에도 형제나 누이가 더 있었을 가능성이 있지만 아쉽게도 기록이 없어 확인할 수 없다.

3. 작은 도전

부여 사신과의 만남

태어나면서는 총명하고 슬기로웠으며

자라서는 씩씩하고 용감한 것이 매우 뛰어나고

큰 지혜를 갖추고 있었다

『삼국사기』

해명의 자살로 인한 충격이 채 가시지 않은 그 해 8월, 대소의 사신이 갑작스럽게 고구려를 방문했다. 태자의 자살로 어수선한 고구려의 인민들에게 부여 사신의 갑작스러운 방문이 달가울 리 없었다.

아니나 다를까 사신의 전언은 거만하기 짝이 없는 불쾌한 내용이었다. 한 마디로 부여를 잘 섬기지 않으면 고구려의 사직은 보존하기 어려울 것이라는 협박이었다. 그 대략의 내용은 다음과 같았다.

"나라에는 큰 나라와 작은 나라가 있고, 사람에는 어른과 아이의 구분이 있다. 작은 나라가 큰 나라를 섬기는 것이 예(禮)이고, 아이가 어른을 섬기는 것이 순(順)이다.

이제 (고구려의) 임금이 만약 예와 순으로써 나를 섬긴다면 하늘이 반드시 도와 나라가 영원히 보존될 것이지만, 그렇지 않으면 나라를 보존하려 해도 어려울 것이다."[8]

이 협박에 유류도 심기가 불편하였을 테지만 고구려의 국력이 부여

보다 약한 것은 어쩔 수 없는 현실이었다. 그래서 여러 신하들과 협의 끝에 부여의 가르침을 잘 받들겠다는 내용의 대답을 하기로 의견을 모아놓고 있었다.

당시 아직 어린 소년이었던 무휼은 위와 같은 이야기를 듣고는 스스로 부여의 사신을 만나 다음과 같이 말하였다고 한다.

> "나의 할아버지는 신령의 자손으로서 어질고 재주가 많은 분이셨습니다. 그런데 대왕께서는 이를 질투하시어 부왕에게 참소하여 말을 기르는 모욕을 주었으므로 우리 할아버지는 불안하여 부여를 떠났던 것입니다. 지금 대왕은 지난 날 자신의 잘못은 생각하지 않으시고 병사가 많은 것만을 믿고 우리나라를 업신여기고 있습니다.
> 사자는 돌아가 대왕에게 전해주시오. 지금 여기에 알이 쌓여 있습니다. 대왕께서 그 알을 허물지 않는다면 대왕을 잘 섬길 것이나 그렇지 않는다면 저도 대왕의 뜻을 따를 수 없습니다."[9]

부여의 노 제왕을 꾸짖는 소년의 당돌함에 부여의 사신도 기가 막혔겠지만 오히려 더 놀란 쪽은 유류와 그의 신하들이었을 것이다. 소년의 말 한마디에 부여와의 관계가 악화될 수도 있는 일이었기 때문이다. 아무래도 무휼은 그의 형 해명을 닮아 있었다.

어린 소년의 머릿속에서 어떻게 이런 날카로운 지적이 나올 수 있었을까? 무휼은 나름대로 주변의 상황을 관찰하면서 고구려가 나아가야 할 길에 대하여 깊이 생각해 왔던 것이다. 도절과 해명의 불행은 이 예민한 소년의 관심을 일찍부터 외교나 정치 같은 분야로 향하도록 만들었던 듯하다.

분명 무휼의 말에는 소년다운 과장이 엿보이기도 하지만 그 속에는 외교적 저자세로 일관하는 것은 결코 고구려의 생존을 위한 근본적인 해결책이 될 수 없다는 생각이 뚜렷하였다. 알을 허물지 말라는 수수께끼 같은 이야기는 섣불리 두 나라 사이의 평화를 깨뜨리지 말라는 경고를 담고 있었다.

혼인

대소는 사신에게 자초지종을 전해듣고는 어린 무휼을 예사롭지 않게 생각했을 것이다. 물론 소년의 말은 불쾌할 정도로 건방졌지만 분명 평범한 아이의 말은 아니었다. 그 소년이 현재 고구려의 유력한 태자 후보라는 사실을 알았을 때 대소는 더욱 무휼에게 신경이 쓰였을 것이다.

무휼이 혼인을 한 것은 이 무렵이 아닌가 여겨진다. 부여를 증오한 무휼이지만 그의 아내는 부여의 여인이었다. 게다가 그녀는 다른 사람도 아닌 대소의 종손녀였다.

어느 쪽에서 먼저 제안을 한 것인지는 알 수 없지만 무휼의 혼인에는 대소의 입김이 작용한 것이 분명하다. 비록 고구려에서 먼저 청혼을 하였다고 하더라도 대소가 반대하였다면 이루어질 수 없는 혼인이었다. 대소는 이 혼인을 통해 무휼을 자신의 영향력 안에 묶어놓으려고 하였을 것이다. 그러나 대소의 의도는 성공할 수 없었다.

첫 출전

그로부터 4년이 흐른 고구려 유리명왕 32년(서기 13) 겨울, 부여의 군사가 고구려로 밀려들어왔다. 침공의 이유는 알려져 있지 않다. 다만 그 전해부터 고구려와 신(新)나라 사이에 대립이 격화되고 있어서 부여가 그 틈을 노린 것이라는 추정이 가능하다.

당시 중국은 서한(西漢)이 멸망하고 서한의 외척인 왕망(王莽)이라는 자가 신이라는 새로운 나라를 세운 직후였는데 왕망은 주위 여러 나라나 이민족들에 대해서 고압적인 정책을 추진하고 있었기 때문에 주변 여러 세력과 갈등을 겪고 있었다. 이는 고구려의 경우도 마찬가지였다.

유류는 아직 열 살밖에 되지 않은 무휼에게 출전을 명했다. 무휼 자신이 원한 것이었을 수도 있지만 그렇다고 하더라도 최종 결정은 군주인 유류 자신이 내리는 것이다.

유류의 뜻이 정확히 어디에 있었는지 짐작하기는 어렵지만 추측컨대 이 출전은 무휼에 대한 하나의 시험이었을 가능성이 있다.

해명의 경우와는 달리 태자가 이미 사망한 지 3년이 지났는데도 유류는 새로운 태자를 세우지 않고 있었다. 무휼이 아들 가운데 가장 나이가 많았으므로 서열상으로는 태자 후보 1순위라고 할 수 있다. 뿐만 아니라 비류주(沸流主) 송양을 외조부로 두고 있던 그의 배경은 어디에 내놓아도 손색이 없었다.

그러나 유류는 어찌된 일인지 태자의 책봉을 미루고 있었다. 무휼이 아직 너무 어리다고 생각했을 수도 있고 해명의 일로 주저하고 있었을 가능성도 있다. 무휼의 당찬 성격은 분명 유류에게 세상을 떠난 해명을 떠올리게 하였을 것이다.

이유야 어찌되었든 무휼은 출전을 거부하지 않았다. 어린 왕자에게 무리한 요구를 할 사람은 없었겠지만 전쟁터에서의 생존은 누구도 장담할 수 없는 일이다. 아마도 어머니 송씨나 무휼을 아끼던 이들은 이 출전을 불안하고 안타까운 마음으로 지켜보았을 것이다.

두 나라의 군사의 규모에 대해서는 자세한 기록이 없어 정확히 알 수는 없지만 아무래도 부여의 군사가 더 많았으리라고 생각된다. 그래서 고구려군은 정면 승부를 피하고 매복기습으로 이 난국을 돌파하기로 결정하였다.

결과적으로 고구려의 이 작전은 대성공이었다. 학반령(鶴盤嶺)이라는 골짜기에서 고구려의 기습을 받은 부여군은 제대로 대응하지 못하고 대패하고 말았다. 전쟁은 매우 격렬하였던 것 같다. 골짜기를 탈출한 부여군들은 살아남기 위해 절벽을 안간힘을 다해 기어올랐지만 고구려군은 끝까지 추격해 살해하였다.

『삼국사기』에 따르면 이 작전을 생각해 낸 것이 무휼이라고 한다. 당시 열 살이라는 나이로 볼 때 의심스러운 기록이지만 그의 대범함과 영특함을 고려한다면 전혀 불가능한 일도 아니었을 것이다. 결국 무휼은 첫 출전을 성공적으로 치러냄으로써 많은 사람들의 신임을 얻게 되었다.

태자가 되다

학반령 싸움이 있은 그 다음 해에 무휼은 마침내 태자의 자리에 올랐다. 이제 무휼은 군주가 되기 위한 굳건한 발판을 마련하게 되었다. 겨우 그의 나이 열한 살의 일이었다.

한편 이 싸움으로 대소가 무휼의 경고를 무시하고 있음이 분명해졌다. 애초에 대소가 어린 소년의 경고 따위를 귀담아 들었을 리 없는 일이

다. 그러나 적어도 무휼에게 그 날의 경고는 자신과의 약속이자 하나의
맹세였다. 대소가 평화를 깨뜨린다면 그 대가를 치르게 하리라. 무휼은
결코 그 날의 일을 잊지 않고 있었다.

태자의 자리에 오른 것은 이제 그가 자신의 뜻을 펼칠 기회가 찾아왔
음을 뜻하고 있었다. 유류는 무휼에게 국정의 주요 권한을 위임하였다.
무휼은 조심스럽게 군주가 되기 위한 준비를 해 나갔다.

4. 뜻을 펼치다

무휼의 즉위

유리명왕 37년(서기 18) 유류는 두곡의 별궁에서 승하하였다. 이로써 무휼은 고구려의 제3대 임금이 되었다. 그는 슬기롭고 큰 포부를 갖춘 인물이었다고 『삼국사기』는 전하고 있다.

무휼이 태자로서 고구려의 국정을 이끌어 온 지 수년, 그는 착실히 고구려의 내실을 다지고 있었다. 당시 고구려가 매우 안정되어 있었음은 무휼이 즉위한 직후 백제에서 1천 호에 달하는 사람들이 고구려로 투항해 왔다는 기록을 통해서 그 실상을 짐작할 수 있다.

재위 3년이 되던 해에는 동명 임금의 묘를 세웠다. 안정된 국력을 바탕으로 고구려 사람들의 마음을 하나로 모으기 위한 조치였을 것으로 추측된다.

이 해에 세운 사당의 주인인 동명을 추모가 아닌 부여의 시조인 '동명(東明)'으로 보는 견해도 있다(李志映, 1996, 104쪽). 부여의 시조 동명과 고구려의 시조 동명(추모)은 그 칭호도 같고 그에 얽힌 전설도 비슷하여 자주 혼동되기도 한다.

두 사람은 모두 원래 거주하고 있던 나라에서 생명의 위협을 느끼고 탈출하여 나라를 세웠으며 남하 도중 강을 건넜고 강을 건너는 과정에서 수중 동물의 도움을 받았다는 등의 공통점이 있다. 전설에 따르면 이들이 강을 건널 때 자라 등이 다리를 만들어주었으며 도강을 마친 후 곧 흩어졌으므로 추격자들의 위협에서 벗어날 수 있었다고 한다.

두 전설 사이에는 차이점도 있는데 가장 눈길을 끄는 것은 탄생에 관한 이야기이다. 부여의 시조 동명은 그의 어머니가 하늘에서 내려온 달걀과 같은 기운을 받아 잉태한 것으로 되어 있으나, 추모는 하느님의 아들과 하백의 딸 사이에서 태어났으며 하백의 딸이 출산한 알에서 나왔다고 전해지고 있다.

추모 자신이 애초에 동부여 사람이었음을 고려하면 무휼이 부여의 시조인 동명의 사당을 세웠을 가능성이 전혀 없는 것은 아니다. 그러나 사당을 세운 당시 대소의 동부여는 고구려에게는 가장 위협적인 적대국이었다. 이러한 상황에서 부여 시조의 사당을 세운다는 것은 쉽게 이해하기 어렵다.

따라서 무휼이 대소와 적대적이었던 추모의 사당을 세움으로써 자신을 할아버지인 추모와 동일시하고 나아가 부여에 대한 극복 의지를 상징적으로 드러낸 것이 동명 임금 묘의 건립이라고 해석하는 것이 자연스럽다(鄭尙均, 1997, 11쪽).

무휼은 이 묘에서 치르는 의식을 통해 고구려의 자부심을 자신의 인민들에게 심어주려 하였던 듯하다. 그는 한발 한발 느리지만 조금씩 앞으로 나아가고 있었다.

붉은 까마귀

무휼이 동명 임금의 묘를 세운 그 해 겨울, 부여의 사신이 새 한 마리를 들고 고구려를 찾아왔다. 머리가 하나에 몸통이 둘인 특이한 형상의 붉은 까마귀였다. 사신이 전한 말에 따르면 부여 사람이 그 임금 대소에게 바친 것인데 머리가 하나에 몸통이 둘이니 이는 부여가 고구려를 병합할 징조라는 것이었다.

무휼은 군신들과 협의한 후 까마귀는 본래 북방의 색인 검은색인데 사신이 들고온 까마귀는 남방의 색인 붉은 색을 띠고 있고 또한 이러한 상서로운 새를 오히려 고구려에 보냈으니 두 나라의 존망은 아직 알 수 없다는 답변을 주어 사신을 돌려보냈다고 한다. 대소는 이러한 답변을 듣고 놀라고 후회했다고 전한다.

무휼의 답변을 통해 '부여가 고구려를 병합할 징조'로 여겨졌던 붉은 까마귀는 오히려 '고구려가 부여를 병합할 징조'로 둔갑해 버렸으니 대소로서는 크게 당황할 수밖에 없었을 것이다.

지금은 일반적으로 불길한 새로 여겨지고 있지만 까마귀는 고대에는 매우 신성한 새로 생각되었다. 신라에서는 비처(毗處) 임금의 목숨을 까마귀가 구해주었다고 하여 정월에는 찰밥으로 까마귀를 제사지내는 풍습이 있었다. 이 제사에 쓰인 찰밥이 오늘날 약밥의 기원이라고 한다.

동북아시아에서는 예로부터 태양 속에 까마귀가 살고 있다는 믿음이 존재했는데 이 역시 고대인들이 까마귀를 특별한 존재로 인식하였음을 잘 보여주는 것이다. 죽음과 연결된 새라는 상징성이 까마귀를 신성한 동물로 만든 것으로 추측된다.

몸통이 둘인 까마귀를 얻은 것을 대소가 기뻐한 까닭도 여기에 있었다. 누군가 이를 고구려 병합의 징조라고 해석하자 크게 고무되어 사자를 딸려 고구려로 보냈던 것이다.

무휼은 비록 재치 있는 답변으로 대소의 기를 꺾어놓기는 했지만 이는 고구려로서는 매우 심각한 사건이었다. 부여가 고구려에 대한 병합 의지를 노골적으로 드러내었기 때문이다. 단순히 사대의 예를 요구하던 이전의 태도와는 분명 달랐다. 이것은 사실상의 선전포고였다.

고구려에게 선택의 여지는 별로 없었다. 먼저 칠 것인가? 기다릴 것인가? 무휼은 선공을 선택하였다. 당시 국력으로 볼 때 부여는 분명 고구려에게는 버거운 상대였다.

때문에 갖가지 우려가 쏟아졌겠지만 부여가 고구려 병합 의지를 드러낸 이상 두 나라 사이의 전면전은 피할 수 없다는 사실은 누구도 부정하기 어려웠을 것이다.

확인할 수는 없지만 무휼은 이미 부여와의 일전을 각오하고 있었음이 분명하다. 유년 시절 부여 사신과의 만남과 학반령 싸움을 통해 무휼은 고구려와 부여는 공존할 수 없음을 일찍부터 깨닫고 있었을 것이다.

무휼은 아마도 태자로 책봉된 이후 부여와의 전쟁에 대비하여 여러 가지 부국강병 정책을 펼쳤을 것으로 짐작되지만, 아쉽게도 이에 대한 정보는 전혀 남아 있지 않다.

일단 현재 남아 있는 자료로 추정해 보건대 각종 무구에 대한 개량 및 생산 확대가 이루어졌을 가능성이 있다. 서기 1세기 당시 고구려군대의 무장 상태를 알 수 있는 실물 자료는 매우 적다. 다만 서기 4세기 이후 고구려에서는 무덤벽화가 활발히 조성되었기 때문에 여러 벽화 그림을 통해 무휼 시기의 고구려 군대의 모습을 짐작해 볼 수 있다.

기본적으로 공격무기로서 칼과 창, 도끼 그리고 활 등의 구성은 비슷하였을 것이다. 기계식 활도 사용되었을 가능성이 있는데 최근 경상도 지역에서 2천년 전의 기계식 활의 유물이 양호한 상태로 발견된 바 있다.[10]

방어용 무구로는 갑주와 방패를 대표적인 예로 들 수 있는데 이 시기의 것은 이제까지 발견된 예가 거의 없다. 이것은 후대와는 달리 당시 고구려에서 금속보다는 옷감이나 가죽, 뼈와 같은 유기질 재료로 갑주나 방패를 주로 생산하였기 때문으로 보인다. 덕흥리 무덤 벽화 등 후대의 고구려 군대에서도 옷감이나 나무 등으로 만든 것으로 추정되는 갑주를 걸친 모습을 찾아볼 수 있다(김정자, 1998, 149쪽).

특히 뼈찰갑은 만주 흑룡강성 빈현(賓縣) 경화(慶華) 유적, 함경북도 무산 범의구석 유적 등에서 볼 수 있는데 이웃 중국에서는 만주를 제외하고는 문헌자료나 고고학적 자료 등 어느 곳에서도 뼈찰갑의 존재를 아직까지 찾아볼 수 없다.

이는 뼈찰갑이 고대 한국의 독창적인 무구임을 잘 보여주는 것으로서 그 기원은 신석기시대까지 거슬러 올라갈 수 있어서 그 전통 또한 매우 오래되었음을 알 수 있다.

이 밖에 철갑옷도 있었을 것으로 보이는데 서기전 3세기경의 평양시 낙랑구역 정백동 1호 무덤에서 물고기비늘 모양의 철찰갑이 나온 바 있고 만주에서도 길림 유수노하심(楡樹老河深) 유적에서 철제갑주가 출토되었다(송계현, 2005;박선희, 2007).

특히 이 해에 신령스런 말을 골구천(骨句川)에서 얻었다는 것을 특별히 기록하고 있다. 무휼의 신마 거루(駏驤)는 당시 고구려의 말에 대한 관심을 보여주는 것인데 이는 분명 기마병의 육성과 관련이 있을 것이다. 만주 지역에서 기마의 전통은 이미 고조선 시대부터 보이고 있다. 이 시기의 것으로 판단되는 조양(朝陽) 십이대영자(十二臺營子)나 심양(沈陽) 정가와자(鄭家洼子) 유적 등에서는 다양한 마구와 마구 장식이 출토되었다(金廷鶴, 1990). 이는 당시 사람들의 말에 대한 관심을 잘 보여주는 것이며 이러한 문화는 이 지역의 후계 정치세력들에게 영향을 미쳤으리라 추측된다.

고구려의 이웃나라인 부여에서는 중국에서도 높이 평가하는 명마가 생산되었다고 한다. 부여는 일찍부터 유목 산업이 발달하여 여러 관명을 가축의 이름으로 지었던 사실은 널리 알려져 있다. 부여의 귀족인 제가(諸家)에 마가(馬家)가 존재했다는 것만 보아도 부여에서 말 문화가 발달되어 있었음을 짐작하게 한다.

중국은 이미 서한 시기부터 한혈마 같은 우수한 말이 서역으로부터 소개되고 있었던 만큼 그들이 인정하는 부여말의 우수성은 짐작하고도 남음이 있다.

말이 최초로 길들여진 것은 대략 서기전 4천년 후반의 유럽 발칸지역이라고 하는데 특히 스키타이의 초원지대에서는 체구가 큰 우수한 말이 생산되었다고 한다(鄭焴培, 1999; J.C. 블록, 1996, 157쪽). 부여는 이러한 유라시아 초원지대의 끝에 자리하고 있어 이 지역의 우수한 기마 문화와도 일찍부터 다양한 교류가 있었을 것으로 짐작된다.

이와 같은 고조선과 부여의 우수한 기마 문화를 바탕으로 당시 고구려에서도 상당히 발전된 기마 문화를 보유하고 있었을 것으로 생각된다. 고구려와는 매우 밀접한 관련을 가지고 있는 것으로 알려진 맥은 이미 서기전 3세기 말 서한의 세력을 지원하는 데 기병을 동원하였다.[11]

특히 고구려는 앞서 유리명왕 11년에 선비의 일부를 복속한 바 있는데 이는 고구려의 기마 문화 발전에 하나의 자극제가 되었을 것으로 짐작된다.

북벌

다음 해 겨울, 마침내 무휼은 북벌의 군사를 일으켰다. 당시 무휼의 나이는 열여덟, 분명 국운을 건 군사를 이끌기에는 이른 나이였다. 고구려의 객관적인 열세가 분명한 이상 무수한 반대도 있었을 것이다. 그러나 무휼은 이 모든 장애를 뿌리치고 전쟁을 시작하기로 결정하였다.

그렇다고 해서 부여와의 전쟁이 무모한 선택이었다거나 무휼의 독단이었다고 단정하는 것은 문제가 있다. 임금이라고 해도 국가 존망의 문제를 자의로 판단할 수 있는 것은 아니다. 물론 찬성보다는 반대가 많았을 법하지만 전쟁에 있어 분명 방어만이 능사는 아니다.

전쟁의 승패에 영향을 미치는 중요한 요인에는 전쟁의 시기, 전장의 지형, 사기나 무기의 수준과 같은 군사의 역량을 들 수 있다. 만약 선제 공격을 할 수 있다면 공격하는 측은 적어도 전쟁의 시기와 지형을 자신에게 유리하게 선택할 수 있다. 무휼은 이 점을 최대한 이용하기로 결심하였고 분명 승산이 있다고 판단하였던 것 같다.

확실히 주위의 상황은 고구려에게 유리하게 전개되고 있었다. 부여는 일찍이 동쪽으로 세력을 확장하여 서기전 2세기경부터는 읍루를 그 세력 하에 두고 있었다.

그런데 뒤에 부여에서 요구한 조세가 과중하였기 때문에 읍루가 부여에 저항하여 부여의 지배에서 이탈하였다고 한다. 부여는 읍루에 대한 영향력을 회복하기 위해 자주 토벌군을 일으켰는데 대략 그 시기는 위(魏)나라(서기 220~265) 초 이후라고 한다.[12]

다시 말해서 고구려 건국 초기에는 부여가 주위의 약소 세력들에 대해서 강압적인 정책을 취하고 있었음을 알 수 있다.

특히 이러한 부여의 대외정책은 대소 시대에 이르러 완화되었다는 징후는 없으며 오히려 더 강화되었을 가능성이 있다.

무휼의 북정 과정에서 마로나 괴유, 부정씨 같은 세력들이 고구려의 원정 지원을 자청하였는데 이것은 위와 같은 부여의 대외정책과 관련이 있었을 것으로 짐작된다.

부정씨(負鼎氏)나 괴유(怪由)는 고구려 영토 내의 세력으로 보이지만 마로(麻盧)는 그 근거지를 확실히 알 수 없다. 마로는 스스로를 적곡(赤谷) 사람이라고 소개하고 있는데 긴 창을 들고 향도를 자청하니 무휼이 허락하였다고 한다.

기록에 따르면 옥저 사람들은 긴 창을 이용한 보전에 능했다고 하는데 적곡은 옥저와 관련이 있는 세력이었을 수도 있다. 마로의 긴 창은 아마도 부여의 기마병에 대항하는 데 효율적이었을 것이다.

우수한 무장이었던 괴유는 자신을 북명(北溟) 사람이라고 소개했는데 북명은 북쪽 바닷가를 의미한다. 당시 고구려의 위치로 보아 괴유의 근거지가 남북한 지역이었을 가능성은 희박하다. 따라서 그가 말한 북쪽 바닷가란 오늘날의 연해주 지역이었을 가능성이 있다. 그렇게 보면 북명은 대략 읍루와 가까운 지역이었을 것이다. 그러므로 괴유가 속해 있던 북명 지역은 특히 부여에 적대적이었을 것이고 이것이 그가 지원을 자청한 배경이 아닌가 생각된다.

부정씨는 비류수를 근거로 하는 지방의 유력자로 보이는데 신비한 솥을 가지고 있다고 해서 무휼이 특별히 부정씨(負鼎氏)라는 성을 내려

주었다고 한다.

부정씨의 솥은 스스로 열이 나서 따로 밥을 짓기 위해 불을 피울 필요
가 없었을 뿐만 아니라 한 번 밥을 지으면 한 군대를 넉넉히 먹일 만하였
다고 한다. 이는 부정씨가 고구려군의 병참을 지원한 것을 신비하게 표
현한 것이라고 생각된다.

부여는 외교적으로 고립되어 있었고 이것은 고구려에게 유리한 국면을
조성하고 있었다. 고구려로서는 부여를 도와 자신을 공격할 수도 있는 제3
의 세력에 대한 우려를 덜 수 있을 뿐 아니라 부여에 적대적인 세력들을 고
구려 쪽으로 끌어들여 군사력을 보다 강화할 수도 있는 것이다.

무휼은 이 점을 기대하였을 것이고 도처에서 원정을 스스로 지원하
겠다는 세력이 출현하였다. 이는 분명 고구려의 군사력을 강화하고 사
기를 높이는 데 일조하였을 것이다.

길조

그런데 원정 도중 무휼과 고구려군을 고무시키는 일이 있었다. 앞서
괴유와 마로를 만나기 전 고구려 군사들은 이물림(利勿林)이라는 숲에
서 유숙한 적이 있었다. 그 숲에서 그들은 조금 이상한 일을 경험하게 된
다.

그들이 머물고 있던 숲 속에서 야심한 시각에 쇳소리가 들렸던 것이다. 고구려군은 중요한 군사원정을 수행중이었으므로 그들이 머물 곳에 대해서 사전에 철저한 수색을 마쳤을 것이 틀림없다.

따라서 그들 외에는 아무도 없을 것이 분명한 숲 속에서 쇳소리가 들린다는 것은 이해하기 어려운 일이었다. 만약 부여나 기타 적대 세력의 군사와 관련되어 있다면 고구려군이 알아차리지 못하도록 조심스럽게 움직일 일이지 한밤중에 그렇게 요란한 소리를 낼 리는 없다.

그 쇳소리가 얼마나 요란했던지 무휼은 날이 밝아오자 사람을 시켜 숲 속을 살펴보도록 지시했다. 숲을 뒤지던 고구려군은 도장과 무기를 무휼 앞에 가지고 왔다. 이 기물들은 그들이 숲에서 찾아낸 것들이었다.

무휼은 숲에서 찾아낸 물건이 하느님이 주신 것이라고 말하고 절을 한 뒤에 그것을 받았다. 무휼은 이물림에서 얻은 도장과 무기들이 하느님이 고구려를 격려하기 위해 보낸 선물이라고 생각한 것이다.

본래 도장이라는 것은 임금이 신하에게 자신의 권한을 일부 위임함을 증명하는 표식이었다. 일찍이 우리나라의 시조인 단군왕검의 아버지 환웅이 하늘에서 내려올 때 가지고 왔다는 천부인(天符印)은 글자 그대로 일종의 도장일 가능성이 있다. 이는 곧 환웅이 하느님에게서 이 땅을 다스릴 권한을 위임받았음을 보여주는 증표라고 할 수 있다.

결국 무휼이 이물림에서 얻은 도장은 이번 원정이 천명에 따른 것임을 상징하는 것이라고 볼 수 있다. 도장과 같이 얻은 무기 또한 군사적인 승리를 암시하는 것이다.

앞에서 무휼이 비류수가에서 얻은 부정씨의 솥 또한 동북아시아의 전통에서는 특별한 의미를 지닌다. 고대 중국에서 솥은 곧 왕권을 상징하였다. 그래서 중국 춘추(春秋)시대에 패자를 자처하는 강력한 나라의 제후들은 주(周)왕실의 솥을 차지하고자 하였다.

군사들에게 충분한 양식을 제공하는 부정씨의 솥은 아일랜드의 고대 신화를 연상시키기도 한다. 아일랜드의 신 다그다는 사람들의 필요나 공적에 따라 모든 사람에게 음식을 제공하는 솥을 가지고 있었고 부란이라는 또 다른 신에게는 '소생의 솥'이 있었다고 한다. 이러한 신비로운 능력을 지닌 솥에 관한 이야기는 아더왕과 그 기사들의 '성배 이야기'와 연결되는데(鄭尙均, 1997, 21~22쪽) 이는 솥의 신성성에 대한 믿음이 보편적인 것이었음을 보여주고 있다.

따라서 무휼은 이물림에서 얻은 도장과 무기를 보고 부정씨의 솥과 더불어 이번 원정이 하느님의 보우를 받고 있음을 보여주는 것이라고 생각하였던 것이다.

나이 많은 군사들은 이물림에서의 신기한 경험을 통해 10여 년 전의 사건을 떠올렸을지도 모른다. 유리명왕 29년(서기 10), 고구려의 모천(矛川)이라는 내에서는 검은 개구리와 붉은 개구리가 떼를 지어 싸움을 벌인 기이한 일이 있었다.

이 싸움에서 검은 개구리들이 패하여 떼죽음을 당했는데 누군가가 이를 풀이하기를, 검은색은 북방의 색이므로 부여가 파멸할 징조라고 하였다. 당시 고구려의 많은 사람들은 이 예언대로 되기를 바라면서도 반신반의하였을 것이다.

그런데 이물림에서 신령스런 기물들을 얻게 되자 그 사건을 기억하는 이들은 부여가 파멸할 것이라는 예언이 곧 실현될지도 모른다는 기대감에 부풀었을 듯하다.

물론 이물림의 도장과 무기는 단순히 버려진 기물이었을 수도 있고 어쩌면 이 사건 자체가 무휼이 조작한 일이었을 수도 있다. 하지만 적어도 고구려군은 이 작은 사건으로 전쟁에 대한 두려움을 조금은 떨쳐버릴 수 있었을 것이다.

하느님이 지켜보고 있는 군대에게 대적할 자는 없는 것이다. 적어도 고구려 사람들에게 부여 원정은 말 그대로 천명(天命)에 따른 것이었다.

책략

무휼은 고구려 군사를 이끌고 부여로 진군하였다. 당시 무휼과 고구려군의 진군로는 정확히 파악하기 어렵다. 그러나 고구려군이 도중에 비류수를 지난 것으로 보아 국내를 출발하여 서북쪽으로 진군하고 있었음을 알 수 있다.

당시 고구려군의 모습은 후세의 안악 3호 무덤 벽화에서 볼 수 있는 모습과 크게 다르지 않았을 것이다. 다만 이때에는 철로 된 갑주나 마갑이 드물었을 것이고 아직 등자가 발명되기 전이라 등자가 없는 기병이 자못 이채롭게 보였을 것이다. 등자는 기병의 전투력을 높여주는 중요한 마구로서 비록 무휼의 시기에는 존재하지 않았지만 서기 3세기경 세계에서 가장 먼저 고구려에서 개발되었을 가능성이 있다(李亨求, 1991, 224쪽).

고구려는 부여의 남쪽에 진흙벌이 대부분인 평탄한 지역에서 진군을 멈추었다. 그리고 평지에 군영을 설치하였다. 『삼국사기』는 고구려군이 안장을 풀고 군사를 쉬게 하면서 전혀 두려워하는 빛이 없었다고 전하고 있다.

고구려군이 별다른 엄폐물 없이 평지에 군영을 설치했다는 것은 언뜻 이해하기 어렵다. 당시 고구려군의 정확한 수는 알 수 없지만 분명 부여군에 미치지 못하고 있었다.

수적으로 불리한 군대가 대군을 상대하면서 평지에 군영을 설치한다는 것은 상식적으로 볼 때 좋은 선택이었다고 보기 어렵다. 평지에서의 싸움에서는 군사가 많은 쪽이 유리하기 때문이다.

당시 고구려와 부여의 병력 차이는 어느 정도였을까? 『삼국지(三國志)』에 따르면 서기 3세기 고구려와 부여의 인구수는 약 1:2.7 정도였다고 한다.

하지만 부여 원정 당시의 고구려는 3세기 당시의 고구려에 비해 세력이 현저히 약했으므로 무휼 재위 시 고구려와 부여의 인구수는 적어도 1:3 이상이 아니었을까 생각한다.

물론 인구수와 병력의 수가 반드시 비례하는 것은 아니지만 추측을 전제로 한다면 당시 부여의 병력은 최소한 고구려의 서너 배 이상은 되었을 것으로 여겨진다.

수적으로 열세였던 고구려군이 적국의 영토에서 차분하게 휴식을 취하고 있었다는 사실은 그들이 일정한 계획에 따라 움직이고 있었음을 암시한다.

고구려군이 여유 있는 태도를 보이자 부여군은 고구려군이 경계를 늦추고 있는 것으로 판단하고 신속한 기습으로 고구려군을 격파하려고 하였다. 부여의 전군은 신속히 고구려군의 군영으로 나아갔다.

대소의 죽음

그런데 뜻밖에도 대소의 모습이 보였다. 그는 후방에서 남아 있기를 거부하고 손수 말을 몰아 왔던 것이다. 사실 전장에 나선 것은 평소 대소의 성정으로 볼 때 그다운 일이었다.

대소는 이 전쟁을 고구려를 무너뜨릴 절호의 기회로 여겼을 것이고 이 극적인 순간에 참여함으로써 자신의 권위를 좀더 강화하고자 하였을 터였다.

그러나 노쇠한 몸으로 대열의 앞에 선 것은 신중치 못한 행동이었다. 게다가 고구려군의 허를 찌르기 위해 신속한 진군에만 신경을 쓰다 보니 고구려군의 주력에 너무 가까워졌고 주변의 진흙 지형에 대해서는 미처 주의를 기울일 여유가 없었다.

그렇게 그는 결정적인 실수를 저지르고 말았다. 그를 태운 말은 진흙 구덩이에 빠져 멈추었다. 무휼은 대소와 그리 멀지 않은 지역에 있었고 그를 주시하고 있었던 것이 분명하다.

사실 현전하는 기록에 따르면, 무휼은 대소를 직접 대면한 적이 없었다. 하지만 그를 알아보는 일은 그리 어렵지 않았을 것이다.

그의 권위적인 성격으로 추정하건대 대소는 아마도 눈에 띄는 화려한 장식의 갑옷을 걸치고 있었을 것이다. 무휼은 순간 머뭇거리는 대소의 움직임을 놓치지 않았지만 그가 직접 달려가기에는 거리가 너무 멀었던 모양이다.

그러나 조금이라도 시간을 지체한다면 더 이상 기회는 없을지 모른다. 그는 주위를 돌아보았고 대소와 가까운 곳에 있던 괴유가 눈에 들어왔을 것이다.

무휼은 지체 없이 괴유에게 대소의 목을 칠 것을 명령하였다. 괴유는 돌진하였다. 진흙 벌 때문에 움직임이 둔해졌다고는 하지만 대소의 주위에는 그를 호위하는 정예 군사들이 있었을 것이다.

그러나 괴유는 재빠르게 나아가 그들이 대열을 정비할 틈을 주지 않았다. 그는 순식간에 대소를 붙잡아 칼을 휘둘렀다. 사태를 파악할 겨를도 없이 대소의 목이 떨어졌다.

대소의 숨은 그렇게 끊어졌다. 고구려에게 가장 위협적인 존재였던 노 군주는 결국 만주의 진흙 벌에서 쓰러지고 말았다.

기록에 따르면 대소의 아버지인 금와는 해부루의 양자였다고 한다. 해부루에게는 친아들이 없었기 때문에 금와가 임금의 자리를 물려받았고 이로 인해 대소가 부여의 군주가 될 수 있었다.

해부루와 금와의 관계는 그 기록이 설화적인데다 소서노의 남편 우태가 해부루의 서손이었다는 기록도 있어 어느 정도나 신빙성이 있는지 확실하지 않다.

그러나 서손을 반드시 아들을 통해 이어진 혈연관계를 의미한다고
할 수는 없으므로, 금와가 해부루의 양자라는 기록이 거짓이라고 단정
할 수는 없다.

또한 대소에게는 여섯이나 되는 형제들이 있었다고 한다. 대소의 처
지에서 볼 때 아버지 금와가 양자로서 임금의 자리에 올랐고 그에게는
많은 형제들이 있어 임금의 자리에 대한 불안감이 없지 않았을 듯하다.

대소가 추모의 세력을 경계하고 제거하려고 하였던 까닭도 여기에
있었던 것으로 여겨진다. 따라서 대소의 대외 강경책은 이 같은 불안감
을 상쇄하려는 나름의 타개책이 아니었나 생각한다.

사실 부여의 처지에서 보면 고구려에 대한 대소의 정책은 옳았다고
할 수 있다. 고구려의 성장은 곧 새로운 경쟁자의 출현을 의미했다. 부여
로서는 고구려가 너무 강대해지기 전에 그 싹을 제거하는 것이 무엇보
다도 중요했다. 그러나 고구려에게 결정적인 타격을 주지 못한 채 시간
을 허비한 것이 그의 한계였다.

부여군의 포위

대소의 목을 침으로서 무휼은 고구려의 앞길을 가로막는 가장 큰 장

애물을 제거하였다. 그러나 객관적으로 보았을 때 대소의 죽음이 고구려군과 부여군 사이의 전력차를 좁히는 데 큰 도움이 될 수 없는 것은 자명한 일이었다. 사실 대소의 죽음은 고구려군에게 오히려 불리하게 작용하였다.

추측하건대 본래 무휼과 고구려군의 전략은 부여군을 진흙 벌로 유인하여 부여의 주력인 기마병의 발을 묶은 뒤 신속한 기습 공격을 실행함으로써 부여를 패배시킨다는 계획이었을 것이다.

그러나 대소를 살해하기 위해 너무 일찍 고구려군이 공격을 시도한 것이 문제였다. 이로 인해 부여군은 예기치 못한 사태에 놀라 일시 퇴각하였을 것이고 고구려군의 전략 또한 노출되었을 가능성이 크다.

결국 무휼은 대소의 목과 부여의 주력을 궤멸시킬 수도 있었을 기회를 맞바꾼 셈이었다. 물론 무휼의 선택이 완전히 잘못된 것이었다고 하기는 어렵다.

기존의 계획대로 진행되었다고 해서 부여군을 섬멸하였으리라고 완전히 보장할 수도 없고 분명 장기적으로 보았을 때 대소의 죽음은 고구려에게 유리하게 작용하였기 때문이다.

부여군은 군주의 갑작스런 죽음에도 의외로 당황하지 않고 차분하게 대응하였다. 부여군은 자신들의 전략을 수정하였다. 기세가 오른 고구려군을 정면으로 상대하기보다 압도적인 병력차라는 장점을 극대화하는 방법을 취하기로 결정하였던 것이다. 대소는 그 생의 마지막까지 무휼과 고구려를 궁지로 몰아넣고 있었다.

부여군은 수적 우세를 이용하여 고구려군을 여러 겹으로 둘러쌌다. 고구려군은 외부의 지원이 끊긴 채로 순식간에 고립되었다. 부여군은 사기충천한 고구려와 정면 대결은 피하면서 고구려의 기력이 다 소모될 때까지 기다리고 있었다. 고구려로서는 최악의 상황이었다.

본거지를 벗어난 고구려군은 낯선 땅에서 생명줄이 끊겨버린 셈이었다. 부정씨의 지원도 이렇게 고립된 상황에서는 어떠한 도움도 될 수 없었다.

포위의 효과는 곧 나타나기 시작했다. 식량은 얼마 지나지 않아 바닥나고 군사들은 굶주렸다. 더 이상의 진격은 불가능했다. 한 사람의 군사라도 안전하게 퇴각시키는 것이 최선의 선택이었다.

탈출

무휼도 이번만은 별다른 해결책이 없었다. 그래서 하느님께 도움을 청하는 기원을 드렸다고 한다. 그만큼 절박한 상황이었다.

하지만 고구려에게는 아직 약간의 운이 남아 있었다. 기원의 효과였는지는 몰라도 작은 기상 현상이 고구려군을 구했다.

그것은 짙은 안개였다.

기록에 따르면 한 치 앞도 분간하기 어려운 안개가 생겨나서는 이레 동안이나 걷히지 않았다고 한다. 무휼은 이것을 기회라고 생각하였다.

안개가 고구려군의 움직임을 충분히 가려주기만 한다면 부여의 감시를 속이고 안전하게 퇴각할 수 있을 것이다. 그러나 부여군도 바보가 아닌 만큼 안개가 그들의 눈을 완전하게 가려주기를 바랄 수는 없었을 것이다.

그래서 무휼은 풀로 인형을 만들 것을 명령하였다. 위계였다. 풀인형의 손에 무기를 쥐어주고 군사처럼 꾸민 뒤 군영 여기저기에 세워 두었다. 이 풀인형들은 고구려군이 깊은 밤을 틈타 샛길로 빠져나가는 동안 고구려군의 기능을 충실히 수행하였다. 안개 탓에 부여군은 더욱이 고구려군의 퇴각을 눈치 채지 못했다. 안개가 모두 걷힌 후 부여군이 발견한 것은 아마도 텅 빈 군영이었을 것이다.

일단 부여군의 포위로부터 벗어나기는 했지만 고구려군은 부여군의 눈을 피하기 위해 험한 길을 퇴각로로 선택하였을 가능성이 높다. 따라서 식량이 바닥난 상태에서의 퇴각은 더욱 험난한 행군이 되었을 것이다.

무휼은 이 와중에 부정씨의 솥과 골구천의 신령스런 말 거루를 잃어 버렸다. 더 이상 자세한 피해 사항은 남아 있지 않지만 그만큼 고구려에게는 힘겨운 전쟁이었다.

귀환

고구려군은 별다른 소득 없이 고구려로 귀환하였지만 부여를 공격하여 그 임금을 죽였다는 사실 자체가 큰 상징적인 의미가 있었다. 이 원정을 고구려 사람들이 어떻게 생각하였는지 짐작할 수 있는 흥미로운 기록이 있다.

『위서(魏書)』에 따르면 주몽(추모)의 증손자로 제4대 임금인 막래(莫來)가 부여를 정벌하여 그 나라를 복속시켰다고 한다.[13] 하지만 『삼국사기』에는 막래라는 이름의 고구려 임금은 보이지 않는다.

『위서』에 나오는 막래는 아마도 해우를 가리키는 것이라고 생각된다. 해우는 추모의 증손자이며 해우의 칭호인 모본(慕本)과 막래(莫來)는 글자 모양이 매우 비슷하기 때문이다.

그런데 해우는 부여를 공격한 적이 없다. 그렇다면 막래가 부여를 원정하였다는 기록은 어찌된 것일까? 이것은 해우의 아버지인 무휼의 부여 원정이 해우 시기의 사건으로 잘못 알려졌기 때문이라고 생각된다.

이는 고구려의 역사가 북위로 전해지는 과정에서 일어난 착오였을 가능성이 충분하다.

결국 북위가 존재한 5~6세기 사이에 고구려에서는 무휼이 부여를 원정하여 그 나라를 크게 격파하고 복속시켰다는 전승이 있었음을 알 수 있다.

앞서 살펴본 바와 같이 무휼이 부여를 원정한 것은 사실이지만 부여를 복속시킨 것은 아니다. 사실을 보자면, 무휼의 원정군은 부여를 정복하기는커녕 부여의 대군에 의해 전멸 위기에까지 몰렸다가 가까스로 탈출하였다.

하지만 훗날의 일부 고구려 사람들은 이 전쟁의 실제 모습과는 상관없이 무휼의 원정을 매우 큰 승리로 인식하고 있었음을 알 수 있다. 그만큼 고구려 사람들의 기억 속에서 이 전쟁은 자랑스러운 추억으로 남아 있었던 것이다.

무휼은 고구려로 안전하게 귀환한 직후 군신들에게 큰 잔치를 베풀었다. 그리고 그 자리에서 모든 허물을 자신에게 돌렸다. 자신이 경솔하게 부여를 공격한 탓에 많은 물자를 잃어버린 것을 자책하고 몸소 죽은 이를 조문하고 병자들을 위로하였다.

그의 겸손함과 의로움을 본 백성들은 누구도 이 젊은 임금을 비난하지 않았으며 오히려 몸 바쳐 싸우기를 맹세하기도 하였다. 많은 사람이 죽거나 다치고 물자를 크게 잃었음에도 무휼은 인심을 잃지 않았다.

이 모든 것이 연극이었다 해도 무휼이 백성들의 마음을 얻고자 노력했다는 사실은 주목할 만하다. 그는 말했다.

"비록 그 임금의 목은 베었으나 그 나라는 무너뜨리지 못했다."[14]

이는 군신들에게 잔치를 베푼 자리에서 무휼이 아쉬움을 토로한 말이지만 그의 진정한 목표가 부여 정복이었음을 분명하게 드러내고 있다. 그 꿈을 이루기 위해서는 아직 인민들의 지지가 필요했다.

대소의 목을 베어 부여와의 전쟁에서 가장 큰 공을 세운 괴유는 안타깝게도 얼마 지나지 않아 세상을 떠나고 말았다. 전쟁중에 부상을 입었던 것인지 아니면 본래 지니고 있던 병이 악화된 것인지는 알 수 없지만 갑작스런 그의 죽음은 처음 등장했을 때만큼이나 극적이었다.

마치 무휼의 부여 원정을 도와주기 위해 하늘이 내려보낸 사람처럼 갑자기 나타나 누구보다도 용감히 싸워 대소의 목을 벤 그였다. 이제 원정을 무사히 마치고 나자 이번에도 갑작스럽게 세상을 떠났다.

아직 이루고 싶은 꿈이 많은 무휼에게 괴유의 죽음은 무엇보다도 큰 손실이었다. 무휼은 병상에 누워 있는 괴유를 위로하기 위해 직접 찾아가기도 하였지만 끝내 그는 목숨을 잃었다.

무휼은 괴유를 북명산 남쪽에 장사지내고 때때로 제사를 지내도록 하였다. 괴유의 장지 근처의 산이 북명산인 것을 보면 괴유를 고향에 묻어준 것으로 추측된다.

한편 작지만 무휼을 기쁘게 한 사건도 있었다. 영영 잃어버린 줄 알았던 골구천의 신마 거루가 부여의 말들을 이끌고 살아 돌아왔던 것이다.

이 일은 아마도 무휼에게는 부여를 복속시키는 길조로 여겨졌을 법하다. 부여의 말들이 고구려의 말을 따라왔다는 것은 부여가 고구려에게 신속한다는 상징적인 의미로 해석될 수 있기 때문이다. 동시에 이 기록은 무휼의 말에 대한 지속적인 관심을 보여주는 것이다.

부여의 분열

부여는 전쟁 초반에 임금을 잃었음에도 당황하지 않고 슬기롭게 대응하여 고구려를 오히려 궁지로 몰아넣었다. 그것이 분권적인 부여 정치체계의 특성 때문이었는지 또 다른 부여의 저력 때문이었는지 확인할 수 없지만 분명 비상 시기에 보여준 부여의 대처는 훌륭했다.

그러나 부여는 압도적인 병력 차로 고구려를 포위한 유리한 형세에 있었음에도 완전한 승리를 이루어내지 못하였다. 이것은 분명 부여의 추락을 의미했다.

원정의 효력은 생각보다 빨리 나타났다. 그 해 4월, 대소의 막내 동생이 부여를 떠나 새로운 나라를 세웠다. 그는 갈사(曷思)수 주변을 다스리던 해두(海頭)라는 나라의 임금을 살해하고 그곳을 장악하였다.

그가 부여를 떠난 까닭은 대소의 죽음을 보고 나라가 곧 망할 것이라고 예측하였기 때문이었다. 사실 부여는 그렇게 빨리 무너지지 않았다. 이후 부여는 선비와 고구려 사이에서 큰 피해를 입기도 했지만 장성 너머 중국의 정권과 자주동맹을 맺고 고구려를 괴롭혔다. 부여가 고구려에게 완전히 병합된 것은 5세기의 일이었다. 무휼이 바란 부여의 멸망은 그렇게 쉽게 이루어지지 않았던 것이다.

하지만 중요한 것은 당시 대소의 죽음이 부여인들에게 상당한 위기감을 불러일으켰다는 사실이다. 임금의 형제조차 나라를 버렸을 정도였으니 부여가 받은 심리적 충격은 생각보다 큰 것이었음을 알 수 있다.

여기서 눈여겨보아야 할 사실은 갈사에 나라를 세운 이가 다름 아닌 차비의 조부였다는 점이다. 그렇게 보면 갈사국의 건국에 무휼이 일정하게 지원을 하였을 가능성이 있다.

두 나라는 위와 같은 이유로 우호적인 외교관계를 맺었을 것으로 보인다. 이는 부여의 힘을 분산시키고 고구려에 우호적인 세력을 탄생시키는 이중의 효과를 낳았다.

또 직접 인민들을 데리고 고구려로 망명한 자도 있었다. 대소의 사촌 아우는 갈사 왕이 부여를 떠난 것에 충격을 받아 그 몇 달 후 만여 명의 부여인을 이끌고 고구려로 투항하였다. 무휼은 그를 연나(掾那)에 살도록 하고 낙(絡)이라는 새로운 성을 내려주었다. 이로써 고구려의 국력은 더욱 충실해지고 국제관계도 고구려에 더욱 유리하게 전개되었다.

무휼은 결코 대소의 죽음으로 만족하지 않았으며 고구려를 명실상부한 강국으로 만들고자 하였다. 원정에서 돌아온 지 수년간은 별다른 기록이 보이지 않는데 이 기간은 나름대로 부여 원정으로 인한 피해를 복구하고 새로운 계획을 실행하기 위한 정비 시기였던 것으로 생각된다. 이 기간 동안의 성과는 남진의 성공으로 나타났다.

개마 · 구다 정복

부여 원정 후 벌어진 잔치에서 무휼 자신이 말했던 것처럼 고구려는 부여와의 전쟁으로 많은 물자가 손실되었다. 하지만 고구려는 척박한 지형에 위치하였기 때문에 단기간 내에 국력을 회복시키기란 어려웠다.

따라서 무휼이 택할 수 있는 가장 효과적인 방법은 새로운 영토의 확보였다.

그러나 부여와 전쟁을 벌인 지 얼마 되지 않은 상황에서 승패가 불분명한 전쟁을 시도한다는 것은 무모한 일이었다. 때문에 무휼은 수년 동안 국력을 충실히 다지면서 때를 기다렸다.

부여에서 돌아온 지 4년 뒤 무휼은 또다시 원정을 위한 군사를 일으켰다. 새로운 진군 방향은 남쪽이었다.

재위 9년째 되던 해 그는 직접 군사를 이끌고 개마(蓋馬)국을 침공하였다. 개마국의 정확한 위치는 알려져 있지만 그 이름이나 고구려의 위치로 보아 오늘날의 개마고원 일대인 것으로 추측된다.

무휼은 부여 원정에서 돌아왔던 그 때처럼 신중하게 새로 얻은 영토의 민심을 살폈다. 그 백성들을 위무하여 그들을 안심시키고 군사들에게 약탈 같은 행동을 일체 금지시켰다. 그리고 옛 개마국의 땅을 군현으로 삼았다.

군현이란 중국에서 발달한 지방제도로서 군주에게 직접 지배를 받는 지역을 의미한다. 군현의 설치가 실제로 이루어졌는가에 대해서는 논란이 있을 수 있지만 굳이 이 지역이 중국식의 군현은 아니라고 하더라도 그와 비슷한 기능을 하는 지역으로 재편되었다고 볼 수는 있을 것이다.

어찌되었든 새롭게 개척한 이 영토에서 나는 산물은 왕실에 귀속되어 무휼의 중요한 경제기반으로 활용되었을 것이다. 이것은 앞으로 대외 원정을 뒷받침하는 물적 자원으로 이용될 뿐 아니라 강력한 지방세력들을 누를 수 있는 힘의 바탕으로 작용할 것이다.

무휼 스스로 군사를 이끌고 개마를 멸망시킨 것은 그의 남진 의지를 확고히 보여준 것이었다. 그 때문인지 이웃나라의 멸망 소식을 접한 구다(句茶)의 군주는 저항을 포기하고 스스로 고구려에게 나라를 바쳐왔다.

이렇게 무휼의 계획은 순조롭게 진행되고 있는 듯하였지만 예기치 않은 사건으로 인하여 그의 의욕적인 남진정책은 늦어지게 되었다.

요동군 침공

남진을 성공적으로 마친 무휼이 전쟁으로 손실된 국력을 기르고 새로 병합된 영토에 대한 후속처리로 분주할 즈음 예기치 못한 전쟁이 일어났다. 요동군(遼東郡)이 고구려를 침공해 온 것이다. 이것은 무휼이 임금 자리에 오른 후 처음 맞는 한족 세력과의 충돌이었다(서기 28년).

사실 고구려에서도 중국의 정세가 매우 불안하다는 것을 이미 인식하고 있었다. 당시 중국에서는 신나라 정권의 붕괴로 인하여 각지에서 대립적인 세력들이 할거하며 서로 공격하고 연합하는 혼란스런 상황을 연출하고 있었다.

유류 임금의 재위시기에도 중국을 장악하고 있던 신나라의 강압적인 정책으로 인하여 고구려와는 크고 작은 충돌이 발생한 적이 있었다. 이 틈을 타 부여가 고구려를 침공하였고 무휼이 부여의 군사를 학반령에서 대파하고 태자가 되었음은 이미 앞에서 설명한 바 있다.

따라서 무휼도 장성 너머 중국을 장악한 정권이 잠재적인 적대 세력임을 잘 알고 있었다. 물론 서방에 대한 대비도 소홀히 하지 않았겠지만 당시 요동군이 20만이 넘는 인구를 가지고 있던 큰 세력이어서 평소의 대비만으로 그 침공 자체를 예방하기는 무리였을 것이다.

요동군의 움직임을 확인한 고구려는 회의를 열어 대책을 논의했다. 조정의 논의는 크게 두 가지로 갈렸다. 하나는 기습 공격이고 또 다른 하나는 농성이었다. 무휼은 농성 쪽으로 결정하였는데, 일단 침공군의 군세가 강하여 정면 대응은 어렵다고 판단하였기 때문일 것이다.

이 때 우보(右輔) 송옥구(松屋句)는 침공의 주체가 동한(東漢)이 아니라 요동군이라고 분석하였다. 이는 당시 중국의 정세로 보아 설득력 있는 분석이었는데, 그렇다면 요동태수의 군대에게는 후원 세력이 없으며 그들은 장기간의 원정이 어려웠을 것이다.

이에 대해서는 침공의 주체를 동한의 조정, 곧 광무제 유수로 보는 시각도 있다(李仁哲, 2006, 99쪽).

요동군의 지휘부는 고구려와의 대결에서 단기전을 통해 소기의 성과를 얻어낼 수 있다고 판단하였던 듯하다. 그러나 그것은 고구려의 전력을 지나치게 낮추어 본 것이었다.

무휼은 회의에서 결정한 대로 군사를 이끌고 요동군이 하루속히 퇴각해 줄 것을 기대하면서 국내의 산성인 위나암(尉那巖)으로 들어갔다.

하지만 요동군의 포위는 쉽게 풀리지 않았다. 수십 일이 지났지만 요동군은 후퇴할 기미를 보이지 않았다. 불안해진 무휼은 처음 농성을 주장한 좌보(左輔) 을두지(乙豆智)에게 대책을 물었다.

을두지는 요동군이 보급에 어려움을 겪고 있으면서도 버티고 있는 것은 고구려가 곧 항복하리라는 기대 때문이라고 보았다.

을두지의 생각에 따르면, 요동군은 위나암성이 암벽 위에 세워졌으므로 물이 없을 것이라 짐작하고 그렇다면 고구려군은 장기간 농성을 할 수 없을 것이라고 판단하여 군사를 물리지 않는다는 것이었다.

그래서 그는 저들에게 성내에 샘이 있다는 사실을 알린다면 요동군은 포기하고 물러갈 것이라고 예측하였다.

을두지의 판단을 옳다고 본 무휼은 사신을 보내면서 적장에게 좋은

술과 함께 물고기와 수초를 선물로 보냈다. 예상대로 요동군이 물고기와 수초를 보고 성내에 샘이 있다는 사실을 알게 되자 이런 저런 핑계를 대면서 스스로 철수하였다. 요동태수는 단기간의 포위로는 고구려를 굴복시킬 수 없음을 깨닫고 물러난 것이다.

요동군과의 전쟁은 비록 고구려가 큰 승리를 거둔 것은 아니었지만 당시 고구려가 적에 대한 정보 수집 능력이나 정세 판단 등에서 우수하였다는 것을 잘 보여주고 있다. 여러 차례의 실전을 통해 고구려의 전쟁 수행 능력은 꾸준히 향상되고 있었던 것이다.

하지만 이 전쟁은 결과적으로 고구려의 국방상 허약성을 드러낸 것이었다. 이렇게 되자 부여 정복과 국방력 강화를 위해서도 남진은 더 이상 미룰 수 없는 과제가 되었다.

비류나(부)장 교체

고구려가 개마와 구다의 정복을 통해 남진을 위한 발판을 성공적으로 마련하였다고 하지만 앞으로 마주칠 상대는 보다 강대한 세력이었다.

당시 고구려의 남쪽, 남북한 지역에서는 낙랑이라는 나라가 그 세력을 크게 떨치고 있었다. 이름의 유사성으로 말미암아 서한이 위만조선을 무너뜨리고 세운 낙랑군(樂浪郡)과 혼동되는 경우도 있으나 낙랑은 서한의 지방행정구역인 낙랑군과는 전혀 다른 토착인이 세운 나라였다.

낙랑은 동으로 동옥저, 동예 등과 친선관계를 맺고 청천강 이남 지역을 중심으로 남으로 백제와 신라(서나벌)를 압박하며 오늘날의 한강유역, 춘천, 경상도 지역까지 그 영향력을 행사하고 있었다.

무휼도 이와 같은 낙랑의 강성함에 대해서 충분히 알고 있었다. 이 낙랑을 제압하고 장기적으로 부여를 정복하기 위해서는 고구려의 힘을 하나로 모을 수 있는 체계가 필요했다.

그러나 고구려는 아직 왕실의 힘이 주위 세력을 압도할 만큼 강하지 못했다. 고구려가 세워질 당시 추모는 여러 토착 세력들의 협조로 임금자리에 올랐고 이로 인하여 이들 세력을 우대하고 여러 가지 특권을 인정해 주었다.

특히 고구려의 중심세력인 네 개의 나(那)는 이러한 특권이 상당히 보장되어 있었다고 생각된다. 이들은 고구려 건국의 주요 세력이었지만 시간이 흐를수록 고구려 발전에 걸림돌이 되었다.

사방의 나는 내부 문제에 대하여 중앙의 간섭을 원치 않았고 건국 당시 그들에게 부여된 특권을 항구적으로 유지하려고 하였다.

이와 같은 상황 아래에서도 비류는 특별했다. 건국시조로부터 기존의 권리를 공식적으로 보장받은 비류는 왕실과의 혼인관계를 통해 외척으로까지 성장하게 되었다.

요동군과의 전쟁 때 활약한 우보 송옥구는 아마도 비류주 송양의 일족일 것이다. 송옥구의 존재는 비류 세력이 고구려 정계에 큰 힘을 가지고 있었음을 잘 보여준다.

비류는 태후의 고향으로서 무휼에게는 임금으로 즉위하는 데 힘이 되어준 배경이었다. 그러나 무휼에게 비류는 한편으로는 부담스런 존재이기도 하였다. 어머니인 태후 송씨의 고향이었으므로 무휼 자신도 제어하기 어려웠기 때문이다.

하지만 효율적인 대외 정책을 수행하기 위해서는 임금의 뜻에 따라 온 나라가 일사분란하게 움직일 필요가 있다. 거기에 비류라고 해서 예외일 수는 없었다.

그런데 비류의 장들이 백성들의 아내와 첩, 그리고 재산을 마음대로 약탈하는 사건이 발생했다. 이들은 비류의 위세를 믿고 함부로 법을 어기고 사사로운 이익을 취했다.

비류의 장 구도(仇都), 일구(逸苟), 분구(焚求) 등은 그들 스스로 추모임금의 신하이기도 하였기 때문에 고구려 내에서 상당한 대우를 받는 위치에 있었다.

구도 등이 비류 사람이었는지는 확실하지 않다. 그러나 그들이 추모의 옛 신하였다는 점은 이들이 일찍부터 비류와 밀접한 관계를 맺고 있었음을 암시한다.

비류는 구세력과도 친선 관계를 맺고 세력을 확대하고 있었다고 볼 수 있다. 비류의 세력 확대는 반대로 무휼의 세력 약화를 의미하는 것이었다.

그들이 백성들의 재산을 함부로 약탈하는 것은 장기적으로 무휼의 권위와 국력을 훼손하는 행위였다. 무휼은 백성들의 지지를 자신의 중요한 통치 기반으로 여기고 있었고 여러 정책에 이러한 자신의 생각을 반영하였다.

때문에 그는 평소에 백성들에게 겸손한 태도를 취하였고 관대한 형의 집행을 명령하는 등 그들의 권리를 보호할 수 있는 법의 시행에도 관심을 가지고 있었다(丘秉朔, 1993, 65쪽).

구도 등의 행위는 노골적으로 임금인 무휼의 권위를 무시하는 행위라고 할 수 있다. 그리고 국가가 아닌 제3의 세력에 의한 백성에 대한 재화와 노동력의 착취는 결국 국력의 약화를 초래하는 일이었다.

무휼은 비류라는 배경과 추모의 옛 신하라는 사실을 무시하고 과감히 그들을 비류의 장에서 내쫓고 서민 신분으로 강등시켰다.

그는 남부사자(南部使者) 추발소(鄒敎素)를 새로운 비류의 장으로 임명하였다. 비류도 하나의 나였다. 그런데 나의 통치자를 임금이 자신의 신하로써 교체한 것은 이전에는 전혀 볼 수 없었던 일이었다.

따라서 비류의 장을 남부사자 추발소로 교체한 것은 매우 특별한 조치였다. 즉 더 이상 비류의 전횡을 방관하지 않겠다는 의미였다.

본래 사자라는 관등은 부여에서도 볼 수 있는 것으로서 행정적인 성격이 강한 것이라는 사실을 눈여겨볼 필요가 있다. 곧 관료적 성격이 강한 남부사자를 통하여 비류에 대한 임금의 의지를 관철시키고자 하는 무휼의 의도를 엿볼 수 있다.

사실 그의 조치에도 한계는 있었다. 구도 등은 얼마 지나지 않아 그 죄를 사면받았다. 비류로 부임한 추발소가 그들이 자신의 죄를 뉘우치자 용서해 주었다고 한다. 무휼이 추발소의 행동을 칭찬하였다고 하므로 그도 비류 세력을 크게 자극하는 것을 원치 않았음을 알 수 있다.

무휼은 비류나의 장을 교체함으로써 비류의 힘을 견제할 수 있게 되었다. 그러나 비류와 관련이 있든 없든 고구려의 귀족들은 무휼의 세력이 지나치게 강대해지는 것을 불안해했다. 그들은 중앙의 힘이 강력해지는 것을 원하지 않았다. 그것은 곧 그들 자신의 약화를 의미했기 때문이다. 무휼도 귀족들의 우려를 모르지 않았으므로 구도 등의 죄를 용서해 주었던 것이다.

일단 무휼의 승리이기는 했으나 강력한 비류나의 지지를 잃게 되고 개인적으로는 비류 출신의 어머니 태후와도 갈등을 겪기도 하였을 것이다. 하지만 무휼은 이 모든 것을 감내하였다.

낙랑 정복

강국 낙랑[15]

낙랑은 그 역사가 오랜 나라이다. 기록에 따르면 낙랑은 최소한 서기전 2세기 이전부터 존재했으며 이미 서기전 1,000년경에 존재했다는 주장도 있다. 낙랑의 일부 세력은 그 후 위만조선의 세력 하에 편입되었다가 위만조선이 서한에게 멸망하자 서한의 군현 지배 아래에 놓이게 되었다.

그러나 또 다른 낙랑인들은 독자적인 세력을 형성하고 그들의 전통과 문화를 이어나갔다. 낙랑의 초기 중심지에 대해서는 분명하지 않지만 요서(遼西) 지역일 가능성이 있다.

중국 삼국시대 위나라 사람인 장안(張晏)은 조선에 습수(濕水), 열수

(洌水), 선수(汕水)라는 세 강이 있고 이 강이 합하여 열수(洌水)가 된다고 설명하면서 낙랑조선의 이름은 여기에서 유래하였을 것이라고 설명하였다.

이에 대하여 중국의 옛 지리서인 『수경주(水經注)』의 기록을 살펴보면 유수(濡水)에 대하여 설명하면서 그 지류로 습여수(濕餘水), 무열수(武烈水), 용선수(龍鮮水)가 있었다고 기록하고 있다.

장안이 말한 습수, 열수, 선수는 이 세 강의 약칭을 의미하는 것으로 보인다. 유수는 오늘날 중국 하북성 동북쪽을 흐르는 난하(灤河)를 가리킨다. 이는 난하 부근에 한때 낙랑이라는 세력이 존재했음을 의미한다(李秉斗, 1987).

낙랑의 초기 중심지가 요서 지역이라면 낙랑은 서기전 3세기 이후 조선과 연(燕)나라의 전쟁이나 위만조선과 서한의 전쟁 등 이 지역의 혼란을 피해 서북한 지역으로 이주한 것이라고 여겨진다.

낙랑 세력의 이주시기를 명확히 밝히기는 어렵지만 적어도 서기전 1세기경에는 오늘날 서북한 지역에 확고하게 자리를 잡고 있었던 것으로 보인다.

오늘날 서북한 지역의 서기전 2세기 말에서 서기 4세기 초 사이의 유물과 유적을 모두 낙랑군의 것으로 보는 견해가 있지만 이들 중 전체 또는 일부는 낙랑의 것일 가능성이 있다.

낙랑의 성격에 대해서는 여러 가지 이견이 있지만 이 지역에 낙랑군과는 별개로 낙랑이라는 정치세력이 존재했다는 사실은 여러 연구자들이 인정하고 있다(박노석, 2003; 권오중, 2004).

『삼국사기』의 초기 기록에는 낙랑군보다는 낙랑국에 대한 기록이 자주 보이고 있어 그 활동이 매우 활발하였음을 알 수 있다.

처음 소서노와 비류, 온조가 그 백성을 이끌고 남쪽으로 내려와 마한에게 거주할 땅을 부탁했을 때 마한의 임금이 이를 허락한 것은 단순한 호의 때문만은 아니었던 것 같다.

아마도 마한의 임금은 백제가 낙랑 세력을 견제해 주기를 기대하였던 듯하다. 실제로 백제는 건국 이후 낙랑의 파상적인 공세에 시달렸다. 낙랑은 오늘날의 평안남도 지역을 중심으로 춘천 지역까지 세력을 뻗치고 있었다. 따라서 한강의 수로를 이용하면 쉽게 백제의 중심을 파고들 수 있었다. 또한 말갈 세력을 회유하고 이들과 연합하여 백제를 공격하기도 하였다. 백제는 낙랑의 공세를 피하고자 서울을 옮겨야 할 정도였다.

이 밖에도 낙랑은 신라(서나벌)에까지 세력을 뻗쳤다. 낙랑은 백두대간 너머의 동예 등의 나라와 친선 관계를 맺어 후방의 위험을 제거하고 동해안로를 따라 남하하여 신라를 공격한 것으로 보인다. 신라 또한 낙랑에게 서울까지 공략 당하였다.

　오늘까지 당시의 기록을 남기고 있는 나라는 고구려, 백제, 신라뿐임을 생각할 때 낙랑의 침공을 받은 세력은 더 많았으리라 추측된다. 이처럼 당시 낙랑의 세력은 매우 강성한 것이었다.

　당시 낙랑은 동옥저와도 우호 관계를 맺고 있었는데 무휼 또한 개마와 구다를 정복한 이후 남진정책을 계속 추진하고자 동옥저와의 유대를 강화하고 있었다.

　『삼국사기』에는 대무신왕 13년(서기 30) 매구곡(買溝谷) 사람 상수(尙須)가 그 아우 위수(尉須), 당제(堂弟) 우도(于刀) 등과 내투하였다는 기록이 있다.

　그런데 『삼국지』에는 고구려 동천(東川) 임금이 위나라 군에게 패하여 매구로 갔다는 기록이 있다.[16] 같은 책 동이전에는 같은 상황을 묘사하면서 동천 임금이 북옥저로 갔다고 전하고 북옥저는 치구루(置溝漊)라고도 하였다고 말하고 있다.[17] 결국 매구는 북옥저를 가리키는 것임을 알 수 있어서 무휼이 옥저 지역에 대하여 지속적인 세력 확대정책을 추진하고 있었음을 알 수 있다.

호동과 낙랑 공주의 혼인

이와 같은 미묘한 상황 아래에서 낙랑의 임금 최리(崔理)와 무휼의 아들 호동이 우연히 동옥저에서 마주치게 되었다.

낙랑의 최씨 정권이 언제부터 낙랑을 다스리고 있었는지는 확실하지 않다. 뒤에 고구려에 대한 낙랑의 저항이 거세었던 것으로 짐작하건대 최씨 정권의 지배력은 제법 공고했던 것으로 보인다. 이러한 점으로 미루어 볼 때 최씨 정권이 낙랑을 다스린 기간은 결코 짧지 않았을 것으로 추측된다.

당시 남북한 지역에서 세력을 확대하고 있던 낙랑으로서는 고구려의 남진이 매우 신경 쓰이지 않을 수 없었을 것이다. 최리가 동옥저를 방문한 것도 낙랑과 동옥저의 유대를 강화함으로써 고구려의 남진을 견제하고자 하는 목적이 아니었을까 추정된다.

호동과의 만남을 통해 최리는 고구려가 남진을 멈추지 않을 것임을 다시 한 번 확인한 셈이다. 그러나 그는 대담하게도 잠재적인 적대국의 왕자를 후대하고 오히려 무휼에게 호동과 자신의 딸과의 혼인을 제안하였다.

최리는 고구려의 야심을 모르지 않았지만 신흥 강대국 고구려와 대립하는 것은 원하지 않았던 듯하다. 따라서 혼인동맹을 통해 고구려의 남하를 저지하여 정세를 안정시키고자 하였던 것이다.

무휼은 최리의 제안을 받아들였다. 하지만 무휼은 처음부터 낙랑과 평화로운 동맹관계를 유지하려는 생각이 별로 없었던 것으로 보인다.

위에서 살펴본 것처럼 무휼의 총애하는 아들 호동이 낙랑의 코앞에 자리하고 있는 동옥저를 방문하고 있었다는 것은 단순한 유희라고 보기에는 석연치 못한 점이 있다.

그리고 무휼이 정세 불안과 태후와의 갈등을 감수하면서까지 비류나의 장을 추발소로 교체한 것이 바로 이 직전의 일이었다.

무휼이 비류나 장의 교체를 서둘렀던 것은 대외 전쟁을 앞두고 먼저 내부를 정비해야 할 필요성이 있었기 때문이 아닐까? 이와 같은 일련의 사건들을 단순한 우연이라고 보기는 어렵다.

무휼의 즉위 이후의 행적을 살펴보면 대략 4년 주기로 대외 전쟁을 일으키고 있음을 알 수 있다. 그는 재위 4년 및 5년에 걸쳐 부여를 원정하였고 그로부터 4년 뒤인 9년 되던 해에 남진을 실행하여 개마와 구다를 멸망시켰다.

무휼이 비류나 장을 추발소로 교체시키고 호동을 낙랑의 공주와 혼인시킨 이 해는 그가 임금의 자리에 오른 지 15년 되던 해였다. 이 해는 개마와 구다를 병합한 지 6년이 지난 후였지만 갑작스런 요동군의 침공이 11년에 있었으므로 그의 대외정책이 몇 년 지체된 것이라고 보면 다시 한 번 대외 전쟁을 일으킬 가능성이 높은 시기였다. 곧 이 해는 요동 군과의 전쟁을 치른 지 4년이 되는 해였다.

따라서 무휼은 낙랑의 임금 최리가 혼인을 청해 온 그 시기에 다시 한 번 고구려를 확장시키기 위한 계획을 실행하기 위해 준비하고 있었을 가능성이 크다. 그리고 그 대상은 다름 아닌 낙랑이었을 것이다.

결국 무휼에게 있어서 호동과 낙랑 공주의 혼인은 낙랑 멸망이라는 목표를 이루기 위한 하나의 전술이었을 뿐이다. 무휼이 처음부터 낙랑을 멸망시키기 위해 낙랑과의 혼인을 추진했다는 『삼국사기』의 기록은 이러한 추론을 뒷받침하고 있다.

낙랑 공주의 죽음과 낙랑의 항복

당시 낙랑에는 나라를 지켜주는 신비한 악기가 있었다고 한다. 적의 침입이 있으면 스스로 소리를 내어 이를 알려준다는 북과 뿔나팔이 그것이었다. 기록에서는 스스로 소리를 낸다고 해서 이 악기들을 자명고 각이라고 부르고 있다. 이 가운데 특히 자명고는 대중적으로 널리 알려져 있다. 『삼국사기』에 따르면 자명고각이 있음으로 해서 낙랑은 다른 나라가 공략하기 어려운 나라였다고 한다.

물론 이 이야기를 있는 그대로 받아들이기 어렵다. 그러나 모든 전설이나 신화는 진실을 바탕에 깔고 있는 법이다. 이 전설을 합리적으로 해석한다면 낙랑은 매우 강한 나라였으며 그 나라 사람들은 악기에 신비한 능력이 있다고 믿고 있었을 것이다.

이러한 믿음은 고대 한국에서는 그리 낯선 것이 아니었다. 고대 남북한 지역에 존재했던 한(韓)에는 '소도'라는 일종의 신성구역이 존재했는데 이곳에서는 세속의 권력이 통하지 않았다고 한다.

그런데 소도에서는 북과 방울을 귀신을 모시는 의례용 도구로서 사용했던 것으로 추측된다. 이것은 당시 한의 사람들이 악기의 신성한 힘을 믿고 있었다는 것을 보여준다.

백제에서도 국가적인 제사의식에 악기를 사용하였다는 기록이 있다. 백제에서는 하늘과 땅에 제사를 지낼 때 피리를 연주하고 북을 울렸다고 한다.

특히 한과 백제가 모두 공통적으로 북을 제사용 악기로 사용하고 있음은 눈여겨보아야 할 부분이다. 이는 낙랑의 자명고에 대한 믿음과 같은 맥락에서 이해할 수 있는 것이기 때문이다.

신라에서도 나라를 지키는 악기의 신성한 힘에 대한 믿음을 확인할 수 있다. 『삼국유사』에 따르면 신라에는 만파식적이라는 피리가 있었는데 이것을 불면 비를 내리거나 바람을 멈추게 할 수 있는 등 날씨를 조절할 수 있을 뿐 아니라 질병을 낫게 하고 적병을 물러가게도 할 수 있었다고 한다.

무휼도 이 낙랑의 신물에 대한 이야기를 몰랐을 리 없다. 무휼이 낙랑의 신물에 실제로 특별한 힘이 있다고 믿었는지 확실히 알 수 없지만 무휼에게는 이 이야기가 매우 친숙했을 것이다. 왜냐하면 그 자신이 이와 비슷한 이야기를 어렸을 때부터 자주 들어 왔을 가능성이 매우 높기 때문이다.

그렇다면 누가 이러한 이야기를 그에게 해주었을까? 그것은 아마도 그의 어머니인 태후 송씨였을 것이다. 태후 송씨의 고향인 비류에는 예로부터 하늘이 내려준 북과 뿔나팔이 있었다고 한다.

이규보의 「동명왕편」에 따르면 비류의 북과 뿔나팔은 나중에 고구려의 시조 추모에게 탈취 당하였고 그 나라는 고구려에게 병합되었다고 한다. 이로 인해 비류의 공주였던 송씨는 추모의 아들인 유류와 혼인하였고 그 사이에서 무휼이 태어났던 것이다.

낙랑의 대다수 인민들은 스스로 우는 자명고각의 신비한 힘을 믿어 의심치 않았을 것이다. 그런데 그렇게 신성한 물건을 다른 나라에게 빼앗긴다면 어떻게 될 것인가? 그 나라 임금의 권위는 추락하고 민심은 동요할 것이다.

그 낙랑의 북과 뿔나팔을 자신의 손에 넣을 수 있다면 낙랑도 그 옛날 비류처럼 무너뜨릴 수 있을지도 모른다. 무휼의 생각은 여기에 미쳤던 것이다.

분명 낙랑의 신물을 탈취하려는 계획은 매우 위험한 일이었다. 만약 이 계획이 새어나가기라도 하다면 두 나라 사이의 혼인동맹은 당장 깨어질 것이고 전쟁은 피할 수 없을 것이다.

하지만 무휼은 그 점은 별로 개의치 않았을 것이다. 어차피 그의 최종 목표는 낙랑의 완전한 병합이고 두 나라 사이의 혼인이야 그 목표를 위한 하나의 수단일 뿐이었다.

문제는 낙랑 깊숙이 감추어져 있을 북과 뿔나팔에 접근하는 방법이었다. 이 자명고와 자명각이 보존되어 있는 무기고는 낙랑 내에서도 최리를 비롯한 최상위 신분에 있는 몇 사람만이 출입할 수 있었을 것이다. 그러므로 낙랑의 신물에 다가가는 일이란 거의 불가능한 일임이 자명하였다.

하지만 고구려 측에서도 이 무기고에 다가갈 수 있는 사람이 하나 있었다. 이제 막 무휼의 며느리가 된 낙랑 공주가 바로 그 사람이었다. 그녀라면 신령한 북과 뿔나팔을 빼오는 것까지는 어려울지 몰라도 그것을 없애버리는 정도의 일이라면 가능할 것이다. 오래된 악기를 부수어 버리는 데는 작은 칼 하나면 충분한 일이었다.

기록에 따르면 호동이 낙랑 공주에게 다음과 같은 말을 전하며 이 신령한 악기들을 부수어 줄 것을 요구하였다고 한다.

> "만약 나라의 무기고에 들어가 북과 뿔나팔을 파괴한다면 그대를 예로써 맞이할 것이나 그렇지 않으면 예로서 맞지 않겠소."[18]

'예로써 맞이하는 것'이 정확히 어떠한 의미인지는 확실하지 않다. 혼인을 정식으로 인정한다는 의미일 수도 있고 첩이 아닌 본부인으로 인정한다는 뜻일 수도 있다(김선주, 2001). 다시 말해서 신령한 악기들을 파괴하지 않는다면 혼인을 파기하거나 낙랑 공주를 본부인이 아닌 첩으로 대할 수도 있다는 협박이었다.

최리의 딸인 낙랑 공주는 호동의 협박에 굴복하여 날카로운 칼을 지니고 신령한 고각이 보관되어 있는 무기고에 몰래 숨어들었다. 그리고 자명각의 주둥이를 깨고 자명고를 찢고는 이 사실을 호동에게 알렸다.

결국 낙랑 공주는 호동의 협박에 굴복하여 조국을 배반하였던 것이다. 자명고와 자명각을 파괴하는 것이 무엇을 의미하는지 그녀가 몰랐을 리 없는데도 이와 같은 엄청난 일을 저질렀다는 사실은 선뜻 이해하기 어렵다.

당시 고구려나 낙랑 사회에서 혼인의 파기나 첩이 된다는 것이 한 여성에게 조국을 배반하게 할 만큼 수치스럽고 두려웠던 일이었을까?

고대인들의 혼인이나 성에 대한 의식은 대개 후대보다 자유스러웠던 것으로 알려져 있다. 처첩의 차별도 그렇게 엄격하지 않았고 재혼이 특별이 흠이 되었던 것으로도 보이지 않는다.

설사 호동의 협박이 낙랑 공주가 두려워할 만큼 불명예스러운 일이었다고 해도 공주의 행동을 합리적으로 설명하기에는 부족하다. 자신의 조국이나 부모를 배반하는 것만큼 더 수치스럽고 명예스럽지 못한 일이 어디에 있을까?

겨우 혼인이 파기되거나 첩이 되는 것이 두려워 조국을 배반했다는 이야기는 이해가 가지 않는다.

설혹 단순한 협박이 아니라 살해의 위협을 받았다고 하더라도 낙랑 공주의 처지에서는 단호히 거부했어야 마땅한 일이다. 그러나 그녀는 끝내 자기 조국을 지켜주는 신물들을 파괴하였다.

그렇다면 낙랑 공주로 하여금 조국을 배반하도록 만든 실제적인 원인은 무엇이었을까? 혹시 공주 자신에게 야심이 있었던 것은 아닐까? 무휼은 고각을 없애주는 대가로 그녀에게 낙랑의 권좌를 약속했을지도 모른다.

아니면 호동을 너무 사랑해서 그의 부탁을 거절하지 못했을 수도 있다. 호동은 뛰어나게 아름다운 외모를 가지고 있었다고 전한다. 예로부터 많은 남성들이 미인계에 빠져 명예와 권력을 잃었다는 것은 잘 알려진 사실이다. 적지 않은 여성들 또한 사랑 때문에 조국을 배반하기도 하였다.

공주가 고각을 파괴한 진정한 이유가 어디에 있든 간에 결국 무휼의 뜻대로 되었고 낙랑은 동요하였다. 무휼은 혼란에 빠진 낙랑을 신속하게 기습하였고 낙랑은 힘없이 무너졌다.

조국을 배반한 대가는 혹독하였다. 최리는 공주가 고각을 부순 사실을 알아차리고 공주를 살해한 뒤에 성을 나와 항복하였다.

무휼은 또다시 승리하였다. 이 전쟁을 통하여 낙랑을 속국화 시킴으로써 고구려 영토는 평안남도 지역으로 확대되었고 남북한 지역에서 커다란 영향력을 행사할 수 있게 되었다.

이렇게 해서 무휼은 그의 재위 기간 중 가장 큰 영토를 다스리게 되었다. 이때의 고구려는 남만주를 중심으로 동북으로는 러시아 연해주에 이르고 남으로는 평안남도 지역에 이르게 되었다. 고구려의 서변은 한 군현의 위치에 대한 여러 가지 이견이 있기 때문에 확실하지 않지만 대체적으로 요하 유역에 이른 것으로 보인다.

  이때만 해도 무휼의 성공은 끝이 없을 것 같았다. 그러나 보이지 않을 뿐 내부의 모순은 조금씩 격해지고 있었다. 낙랑에 대한 원정의 성공은 그 모순을 극대화함으로써 무휼을 뜻밖의 비극으로 이끌었다.

5. 시련과 상처

원비의 모함

호동은 이런 큰 공을 세웠으나,

왕후가 적자의 지위를 빼앗길까 두려워

대주류왕에게 호동이 자기를 강간하려 하였다고 참소하여,

호동은 자살하기에 이르렀다.

이에 아름다운 남녀 한 쌍의 말로가

다같이 비극으로 되고 말았다.

신채호『조선상고사』[19]

낙랑을 정복한 그 해 11월, 낙랑 전쟁의 주인공인 호동이 자살하였다.

호동은 뛰어난 외모를 지니고 있었고 사람을 이끄는 자질도 있어 무휼의 기대를 한몸에 받고 있었다. 그는 호동을 장래의 태자감으로 생각한 듯하지만 호동에게는 지지기반이 별로 없었다. 그녀의 어머니는 부여의 여인으로서 고구려에는 아무런 연고도 없었다.

무휼은 호동을 지지해줄 세력이 별로 없다는 점이 늘 걱정이었을 것이다. 더구나 무휼 자신이 부여를 공격하여 그 세력을 약화시켰고 이로 인하여 차비의 조부인 대소의 막내 동생은 부여를 이탈하여 새로운 나라를 세웠으므로 호동의 어머니는 그나마 고향인 부여에서조차 잊혀진 존재가 되어버렸다. 무휼이 부여를 격파하고 국력을 강화함으로써 정작

그가 총애하던 호동의 세력은 오히려 더욱 약화되었던 것이다.

게다가 호동에게는 강력한 라이벌이 존재하고 있었다. 무휼에게는 호동의 어머니인 차비 외에도 원비가 있었고 아마도 더 많은 후비를 거느리고 있었을 것이다.

그런데 그 가운데에서도 원비의 세력은 특히 막강하였던 것 같다. 원비란 으뜸이 되는 후비라는 의미이고 추모나 유류의 정략혼인의 예로 미루어 볼 때 무휼의 원비도 고구려 유력 귀족의 딸이었을 것이다. 게다가 원비에게도 해우라는 아들이 있었기 때문에 원비 세력이 해우를 태자로 세우고 싶어했을 것은 자명하다.

이러한 원비 세력의 견제를 따돌리고 호동을 태자로 세우기 위해서는 귀족들과 국인들이 인정할 수 있는 명분이 필요했다. 호동이 태자가 되어야 한다는 강력한 여론이 형성된다면 원비 세력도 굴복할 수밖에 없을 것이라고 무휼은 생각하였던 듯하다.

그는 호동에게 큰 공을 세우게 함으로써 호동이 태자의 자질을 갖추고 있음을 천하에 보여주고자 하였다. 무휼 자신 역시 학반령에서 부여군을 대파함으로써 태자의 자리에 오른 경험이 있었다.

그래서 무휼은 낙랑과의 전쟁에 호동을 내세웠다. 『삼국사기』는 낙랑 공주를 협박하여 고각을 파괴하고 낙랑을 기습하도록 한 것이 호동이었다고 기록하면서도 한편으로는 무휼이 낙랑의 고각을 파괴하려고 낙랑과의 혼인을 추진하였다는 일설도 소개하고 있다.

앞서 살펴본 것처럼 낙랑 정복을 계획하고 실행한 인물은 무휼 자신이었을 가능성이 높다. 그럼에도 낙랑 정복을 주도한 것이 호동이라는 기록도 전해 내려오는 것은 무휼의 배려 때문이 아니었나 여겨진다.

무휼은 낙랑 정복의 공을 아들인 호동에게 돌림으로써 그가 태자의 자격을 갖추고 있음을 보여주고 싶었던 것이다. 그는 호동을 낙랑을 공격하는 고구려군에도 지휘관으로 참여시켰을 것이고 그렇게 함으로써 호동의 입지를 강화시키고자 하였을 것이다.

그러나 원비 세력이 무휼의 의도를 모를 리 없었다. 그들은 전부터 무휼이 호동을 특별히 총애하고 있었으므로 호동이 태자가 되지 않을까 경계하고 있었기 때문이다.

결국 호동의 명성이 올라갈수록 무휼과 원비 세력의 갈등은 깊어갔다. 문제는 무휼이 호동을 지켜줄 수 있는 힘이 있는가 하는 것이었다. 연이은 대외전쟁의 승리로 인하여 무휼의 권위가 강화되기도 하였지만 그만큼 그의 적은 계속해서 증가하고 있었다.

고구려는 무휼의 지휘 아래 개마, 구다, 낙랑 등을 정복하였지만 그 결실은 대부분 왕실에 집중되었으리라 여겨지므로 일부 귀족들의 무휼의 정책에 대한 불만은 높아지고 있었을 것이다.

또한 무휼은 성공적인 영토확대와 왕권강화를 위해 귀족들과 지방세력을 약화시켜 왔다. 추모의 옛 신하였던 구도(仇都) 등을 비류나(沸流那)의 장에서 쫓아내고 남부사자(南部使者) 추발소를 비류나(沸流那)의 장으로 임명한 것이 대표적인 예라고 할 수 있다.

이로 인하여 귀족 세력과 무휼 사이에는 틈이 벌어졌고 비류나와의 갈등으로 인하여 더 이상 그들의 도움도 기대할 수 없었다. 무휼은 고구려를 반석 위에 올려놓고자 분투하였지만 그 결과 그는 점점 고립되고 있었다.

낙랑 전쟁이 끝난 지 얼마 지나지 않아 원비는 무휼에게 호동의 잘못을 고하였다. 호동이 낙랑 전쟁으로 인하여 공을 세우자 원비 세력은 더 이상 좌시할 수 없다고 판단하였던 것이다.

원비는 호동이 계모인 자신을 간음하려 했다고 주장하였다. 무휼은 그녀의 말을 믿을 수 없다며 원비의 참소를 무시하려 하였지만 원비는 자신의 말이 거짓이라면 처벌을 받겠다며 거듭 눈물로서 호소하였다.

계모에 대한 간음은 단순한 패륜 이상의 의미를 지니고 있었을 수도 있다. 흉노에서는 통치자인 선우가 죽으면 그 아들이 아버지의 여러 아내들, 곧 계모들을 자신의 아내로 삼는 관습이 있었다.

부여에서도 형사취수와 같은 흉노와 비슷한 관습이 있었다는 기록을 볼 때 한때는 이와 비슷한 관습이 고구려에서도 행해졌을 가능성이 전혀 없지는 않다. 비록 후대의 것이지만 고구려에도 형사취수가 있었다는 기록이 있다.

이러한 시각에서 보면 원비의 주장은 호동의 행위가 단순한 패륜에 그치는 것이 아니라 그가 임금 자리를 차지하려는 야심을 갖고 있었음을 암시하는 것으로 볼 수 있다.

무휼도 호동에 대한 의혹이 전혀 없지는 않았을 것이다. 어린 시절 아버지 유류가 해명을 자살하게 했던 사건을 목격했던 그였으므로 권력 앞에서는 아버지와 아들 사이의 천륜도 쉽게 끊어질 수 있는 것임을 무휼은 잘 알고 있었다.

그러나 호동이 임금의 총애와 높아가는 명예에 자만하여 임금의 자리를 넘보고 계모를 강간하려 했다는 주장은 쉽게 받아들일 수 없는 일이었다. 사실 거의 지지기반이 없던 호동이 자신의 유일한 후원자인 아버지 무휼을 배반한다는 것은 쉽게 이해하기 어려운 일이다. 때문에 무휼도 처음에는 원비의 호소를 뿌리쳤던 것이다.

당시 호동이 계모에 대하여 실제로 무례한 행동을 했는지는 확실하

지 않다. 그러나 원비의 목적이 단순한 명예 회복에 있지 않았음은 자명
하다. 호동의 방자한 행동이라는 것은 하나의 명분이었을 뿐이고, 실제
로는 무휼에게 호동을 태자로 세우기 위한 지원을 중단하라는 무언의
압력이었다.

호동의 자살

무휼은 끝내 원비의 요구를 거부하지 못하였다. 결국 그는 호동에게
벌을 내리려고 하였다고 『삼국사기』는 전하고 있다. 그의 삶에서 이것
이 사실상 첫 패배였다. 대외 전쟁에서는 한 번도 져본 적이 없는 그였지
만 막상 내부의 적에 대해서는 타협하지 않을 수 없었던 것이다.

무휼은 외척의 압력을 뿌리치지 못하고 한 발 물러섰다. 그의 본뜻이
어디에 있었는지는 확실하지 않다. 호동에게 적당한 처벌을 가한 뒤 후
일을 도모하고자 하였을 수도 있고 아니면 저들의 요구에 완전히 굴복
하여 호동을 유배하거나 극형에 처하려고 했을 수도 있다.

정략혼인이었다고는 해도 자신의 며느리였던 낙랑 공주를 낙랑 정복
에 철저하게 이용하였던 예를 보면 그에게도 상당히 냉정하고 잔인한
면이 있었음을 알 수 있다.

그러나 수많은 세력이 쟁패를 겨루던 당시의 상황을 오늘날의 윤리

기준으로 쉽게 판단해서는 안 될 것이다. 정략결혼이나 권모술수는 군주의 능력으로 오히려 칭송의 대상이 되었을 수도 있다.

무휼이 평소 호동을 매우 사랑하였고 사려 깊은 그의 성품으로 보았을 때 호동을 적당히 문책하고 태자 결정 문제는 뒤로 미루는 선에서 문제를 매듭지으려 하지 않았을까 추측된다.

문제는 호동의 태도였다. 호동은 자신을 전혀 변명하려고 하지 않았다. 그것은 자신이 원비를 간음하려 했다는 것을 인정하는 것이나 다름없었다. 그럼에도 그는 변명뿐 아니라 자신을 방어하기 위한 어떠한 행동도 취하지 않았다.

그에게도 원비에게는 미치지 못하지만 분명히 지지 세력이 있었다. 그럼에도 호동은 스스로 삶을 포기하고자 하였다. 호동의 측근 가운데 한 사람이 왜 스스로 무죄함을 증명하지 않느냐고 물었을 때 그는 다음과 같이 대답하였다고 한다.

> "내가 만약 변명한다면 이것은 어머니의 악함을 드러내어 임금께 걱정을 끼쳐드리는 것이니 어찌 효도라고 할 수 있겠습니까?"[20]

그리고 그는 칼에 엎어져 목숨을 끊었다.

한때 유력한 태자 후보였던 왕자로서는 참으로 허망한 죽음이었다. 왜 그는 굳이 자살을 선택했던 것일까? 무휼이 그를 처벌하기로 하였다고는 하지만 사형이 결정된 것도 아니었다.

설사 그것이 극형의 죄였다고 해도 호동이라면 죽음을 면할 수 있는 기회가 있지 않았을까? 그가 야심이 있는 인물이었다면 군사적인 저항도 생각할 수 있었을 것이다.

그러나 그는 효를 행하기 위해서라는 유언을 남긴 채 스스로 목숨을 끊었다. 하지만 그의 행위를 아버지에 대한 효라고 보기에도 논란의 여지가 있다. 고려 시기의 김부식은 『삼국사기』에서 호동이 자살을 함으로써 아버지인 임금을 아들을 죽인 무도한 이로 만들었다며 그의 행동은 효가 될 수 없다고 비난하였다.

유교의 주요 경전인 『효경(孝經)』을 살펴보면 공구(공자)의 말을 인용하여 부모의 잘못은 간하는 것이 효라고 주장하고 있다. 결국 김부식은 유교적 효의 가치관으로 호동의 행동을 평가하고 있음을 알 수 있다.

당시에는 부모에 대한 무조건적인 복종이 효로 인식되었을 것이라고 보는 견해도 있다(김영심, 2003). 이와 같은 주장은 후대의 다른 신분의 사람들 예컨대, 설씨녀(薛氏女)나 강수(强首)와 같은 이들과 유류와 해명, 무휼과 호동의 사례를 비교 검토함으로써 얻어진 것이다. 설씨녀나 강수는 모두 신라사람으로서 부부의 의리를 지키기 위해 부모의 부당한 요구를 거부하고 소신을 지켰던 이들이다.

이러한 관점에서 보면 앞선 시기에는 부모에 대한 무조건적인 복종이 효로 인식되었으나 설씨녀나 강수가 살았던 시기에는 유교적 가치관의 확산으로 인하여 인식의 변화가 일어났다고 생각할 수 있을 듯하다.

그러나 『효경』이 유교의 주요 경전이었다고는 하지만 조선의 사대부들에게조차 별로 읽히지 않았던 것으로 생각된다(이원제 2006, 35). 이러한 상황에서 유교적 교양을 쌓은 강수와 같은 인물은 제쳐두고라도 설씨녀와 같은 신라의 피지배신분의 사람들에게 『효경』의 영향력이 과연 강하게 미칠 수 있었을까 의심스럽다.

사실 이러한 생각은 비교 대상이 되는 인물들이 거주하고 있던 지역의 차이, 그리고 무엇보다도 신분의 차이가 있다는 사실을 간과하고 있다.

고구려 초기 유류와 해명, 무휼과 호동 사이의 비극은 둘 사이의 관계가 사사로이는 부자관계이면서 더불어 군신관계라는 신분의 특수성에 기인하는 것이라고 생각한다.

해명도 임금의 아들이라는 신분이 아니었다면 스스로 목숨을 끊으라는 아버지의 요구를 거부하였을 것이다. 따라서 당시 고구려에서 부모의 명에 무조건 복종하는 것이 효였다는 주장은 받아들이기 어렵다.

더구나 호동의 경우에는 무휼이 구체적으로 호동에게 자살을 명한 것도 아니었다. 따라서 그의 효도 운운하는 말은 자살의 진정한 동기라고 보기는 어려울 것 같다.

그는 처벌 결정이 내려지기 전부터 자살을 결심하고 있었다고 볼 수 있다. 원비 세력과의 갈등이나 낙랑 공주의 죽음 등이 그에게 삶에 대한 회의를 불러일으키지 않았을까?

그를 모함한 원비나 그녀의 아들 해우도 사사롭게는 계모와 형제였고, 조국을 배반한 치욕을 뒤집어쓰고 아버지에게 목숨을 잃은 낙랑 공주는 자신의 아내였다.

야심이 없는 십대의 왕자에게 궁내의 권력투쟁은 염증을 느끼게 하기에 충분하였을 것이다. 상대가 누구이든 어느 한 쪽이 철저하게 몰락하거나 사라지지 않는 이상 끝이 나지 않는 것이 권력투쟁의 속성이다.

짧은 시간이었지만 낙랑 공주와의 혼인생활도 그에게는 중요한 의미가 있지 않았을까? 무휼에게는 단지 정략이었을 뿐이라고 해도 호동과 공주 사이에 어떠한 감정이 있었는지는 모르는 일이다. 어찌되었든 한때는 그의 아내였던 여인이다. 호동은 그녀의 비참한 죽음에 대해서도 책임감을 느끼고 있었을지 모른다.

정확한 동기는 알 수 없지만 일찍부터 그가 자살을 결심하고 있었던 것은 확실한 듯하다. 그의 큰아버지였던 해명처럼 그는 죽음을 담담하게 받아들였다. 호동은 그렇게 짧은 생을 마감했다. 이때 호동은 아직 십 대였고 무휼도 스물아홉에 불과하였다.

해우의 태자 책봉

자의였든 타의였든 무휼의 호동에 대한 처벌 결정은 호동의 자살을 불러왔고 최종적으로 원비 세력에게 유리한 국면을 조성하였다. 호동이 죽은 그 다음 달에 기다렸다는 듯이 태자 책봉이 이루어졌다. 원비의 아들인 해우가 마침내 태자가 되었던 것이다. 호동의 목숨이 끊어지기 무섭게 태자 책봉이 서둘러 진행된 것을 보면 원비 세력이 이 일을 얼마나 고대하고 있었던가를 짐작할 수 있다.

태자가 되었다는 것은 다음 임금으로서의 신분이 보장됨을 의미한다. 사실상 이것은 임금에 버금가는 권력이다. 이제 원비 세력을 중심으로 한 일부 귀족들은 태자를 통해 더 큰 영향력을 행사할 수 있게 되었다. 이는 무휼에게는 더 큰 압력으로 다가설 것이다. 호동의 죽음과 함께 그의 꿈도 조금씩 멀어지고 있었다.

정치적인 실패만큼이나 그에게는 개인적인 슬픔도 견디기 힘든 고통이었다고 생각한다. 사랑하는 아들을 비참하게 떠나보낸 일은 한 사람의 아버지로서 무휼에게 잊혀질 수 없는 상처를 남겼다.

낙랑 멸망

낙랑의 신라 침공

신라 유리 마립간 14년(서기 36), 낙랑이 신라의 북쪽 변경을 침공하여 신라의 타산성을 함락하였다. 이 세력은 그 활동 시기나 범위로 판단하건대 최리가 다스렸던 낙랑국과 관련이 있는 것이 분명하다.

낙랑은 대무신왕 15년 고구려의 공략에 의해 무너진 바 있다. 그런데 어째서 그로부터 수년이나 시간이 흐른 시점에서 낙랑이 신라를 침공한 것일까? 낙랑은 대무신왕 15년에 완전히 소멸한 것이 아니다. 이는 대무신왕 20년(서기 37), 고구려가 낙랑을 습격하여 멸망시켰다는 기록을 통해 확인할 수 있다.

고구려는 낙랑을 침공하여 무력화시킨 이후 속국으로서 다스리다가 수년 뒤 다시 침공하여 완전히 병합하였던 것이다. 어떤 이는 대무신왕 15년과 20년의 기록에 등장하는 낙랑을 별개 세력으로 보고 각각 낙랑과 낙랑군으로 구분하여 이해하기도 한다.

다시 말해서 고구려가 대무신왕 15년에는 낙랑국을 정복하고 이어서

20년에는 낙랑군을 점령했다는 주장이다. 이 같은 주장에는 다음과 같은 문제가 있다.

당시 낙랑군은 인구가 수십만에 이르는 큰 행정구역으로서 이 정도 규모의 군이 침공을 받아 고구려에게 병합되었다면 중국측 사서에 어떠한 식으로든 언급되는 것이 자연스럽다.

사실 당시의 중국 역사서는 자신들의 군현과 고구려 등의 남북한 및 만주 여러 세력들의 대립과 교류 관계를 비교적 상세히 기록하고 있다. 이러한 상황에서 고구려가 낙랑군을 멸망시킨 기록만 누락되었다는 것은 이해하기 어렵다.

또한 『삼국사기』는 낙랑의 임금 최리가 성을 나와 항복하였다고 전하고 있는데 여기서 말하는 항복이 반드시 멸망을 의미하는 것은 아니다.

고구려는 피정복세력에 대해 기존 체제나 지배세력의 기득권을 인정해주는 등의 간접 통치 방식도 행하였다. 이는 피정복세력의 인적 물적 자원의 효율적 활용이라는 점에서는 한계가 있지만 고구려에 대한 반발을 약화시킬 수 있는 장점이 있어 일정하게 활용되고 있었다. 낙랑의 경우 그 국력이 상당히 강성하였으므로 고구려로서는 우선 속국화하여 간접 통치를 행하는 방식이 효율적일 수 있었다.

그렇다면 낙랑에 대한 속국화라는 기존의 정책을 완전한 병합으로 변환하게 된 계기는 무엇일까? 이에 대하여 우리는 유리이사금 14년 낙랑의 신라침공을 눈여겨보아야 한다고 생각한다. 유리이사금 14년 신라를 침공한 낙랑과 그 다음 해인 대무신왕 20년에 고구려가 습격하여 멸망시킨 낙랑은 같은 세력으로 여겨지고 있으므로 이 두 사건은 서로 밀접한 관련이 있다고 추측할 수 있다.

2차 낙랑 원정

낙랑이 자리하고 있는 중심 지역은 오늘날 평안남도 일대로 추정되기 때문에 신라가 있는 경상도 지역과는 상당한 거리가 있다. 그러므로 낙랑의 신라침공은 상당한 의도성을 내포하고 있다고 볼 수 있다.

그런데 당시 낙랑은 고구려의 속국이었으므로 자의적인 대외 원정 시도는 어려웠을 것이다. 물론 이러한 일이 전혀 불가능한 것은 아니다. 낙랑이 비록 전쟁에서 패하기는 하였지만 자체의 세력 기반이 완전히 해체당하지 않은 상태였으므로 고구려의 통제력에는 한계가 있었을 것이다.

당시 상황에서는 낙랑의 일부 세력이 고구려의 지배에 반발하여 이탈하였을 가능성도 있다. 그러나 고구려 지배 이전의 낙랑의 활동범위가 경상도 지역까지 미쳤다고는 해도 인적 물적 역량이 고구려의 의해 현저히 축소당한 상황에서 위와 같은 원정이 과연 가능한가에 대해서는 의문이 있다. 오히려 낙랑의 신라 원정은 고구려의 압력에 의한 것이었을 가능성이 있다.

낙랑이 신라를 침공한 유리이사금 14년(서기 36)은 고구려가 낙랑을 항복시킨 대무신왕 15년(서기 32)으로부터 4년이 되는 해이다. 이 4년은 앞에서 지적한 것처럼 무휼의 대외원정 주기와 일치한다. 따라서 이 원정은 무휼이 낙랑을 앞세워 남한 지역에서 고구려의 영향력을 확산시키기 위한 시도가 아니었나 생각한다. 이 원정의 결과 낙랑은 신라의 변경에 있는 성을 함락시켰으므로 일정한 성과를 거두었다고 할 수 있다.

따라서 무휼은 이 원정을 계기로 낙랑에 대한 통제를 더 강화시킬 필요가 있다고 판단하였을 가능성이 있다. 그는 아마도 낙랑을 본격적인 남진을 위한 발판으로 삼고자 하였을 것이다. 이것이 그 다음 해의 낙랑 공격으로 이어지게 되었을 것이다.

낙랑의 신라 침공이 고구려와는 무관하게 이루어진 독단적인 행동이었다고 생각할 수도 있다. 그러나 이 경우에도 낙랑의 독자적인 판단에 의한 대외 원정은 고구려에게 낙랑에 대한 간접 지배방식에 대한 재검토의 필요성을 제기하였을 것이다.

낙랑에 대한 고구려의 두 번째 침공은 낙랑인의 거센 저항을 불러일으켰겠지만 이미 고구려에게 제압되어 있는 상황에서 상황을 역전시키기란 불가능했을 것이다. 2차 낙랑 원정의 결과 그 지역은 아마도 군현 지역으로 재편되었을 가능성이 크다.

이로 인해 고구려의 위상은 더욱 제고되었겠지만 낙랑에 대한 직접 지배는 그만큼 고구려에게 부담으로 작용하였을 가능성도 있다. 낙랑인의 저항을 무마하기 위해서는 이 지역에 대한 보다 강압적인 통치가 불가피했을 것이기 때문이다.

침묵의 시간

대무신왕 20년(서기 37) 낙랑을 멸망시킨 이후 무휼은 그가 사망하는 대무신왕 27년(서기 44)까지 특별한 행적을 남기고 있지 않다.

비록 많은 기록이 사라졌다고는 해도 이 기간 동안 특별한 기상현상 이외에는 어떠한 기록도 없다는 것은 이 시기에 무휼의 정책에 중대한 변화가 있었음을 암시하고 있다.

개인적인 불행이나 내부적 갈등이 산재해 있는 상황에서도 무휼은 낙랑을 병합하였다. 이것은 그가 남진정책에 꾸준히 관심을 가지고 있었음을 잘 보여주는 것이다. 낙랑 병합에 따르는 행정적 군사적 부담에도 무휼은 끝내 그 지역을 병합함으로써 남진정책을 지속적으로 추진할 것임을 내외에 천명하였다고 볼 수 있다.

그러나 무휼은 그 의지를 더 이상 현실화시키지 못했다. 낙랑 병합 이후 어떠한 후속 조치도 이루어지지 않았던 것이다. 먼저 두 번에 걸친 원정에도 낙랑에 대한 통치는 완벽하게 이루어지지 않은 듯하다. 이로 인하여 고구려의 부담은 예상 외로 증가하였다.

대외 정책에 따른 부담은 귀족과 인민에게 돌아갔을 터이므로 무리한 대외 정책에 대한 반발도 일어났을 것이다. 무휼은 외척의 성장이나 지지 세력의 약화 등으로 인하여 이전과 달리 이러한 도전에 적극적으로 대응할 수 없었을 것이다.

해색주의 대두

그런데 여기서 또 한 가지 눈여겨보아야 할 점은 당시 복잡하게 전개되고 있던 고구려의 내부 갈등이다. 무휼의 사후 태자가 엄연히 존재하고 있음에도 무휼의 동생 해색주가 즉위하였는데 이는 무휼이 재위하고 있을 당시부터 해색주의 세력이 막강하였음을 보여준다. 만약 그렇지 않았다면 태자를 제치고 해색주가 임금의 자리에 오를 수는 없었을 것이다.

『삼국사기』에 따르면 해색주가 즉위할 당시 태자가 너무 어려 정사를 맡기 어려우므로 국인(國人)들이 임금의 동생인 해색주를 추대하였다고 한다. 해색주가 즉위할 당시의 태자 나이는 십대 중반이었을 것으로 추정되는데 무휼이 15세에 즉위했던 사실로 미루어 보건대 태자 해우가 결코 어렸다고는 할 수 없다. 따라서 태자가 지나치게 어리다는 주장은 해색주를 추대한 것에 대한 합리적인 이유가 될 수 없다.

그렇다면 해색주를 추대한 국인들은 어떤 존재일까? 이들은 일반적으로 도성 내외에 거주하며 여론에 영향을 미칠 수 있는 일정 수준 이상의 사회경제적 지위를 지닌 인민이라고 볼 수 있지만 이를 글자 그대로 믿기는 어렵다고 생각한다.

그가 일부 국인의 지지를 받은 것은 사실일 수도 있지만 태자를 지지하는 이들도 상당수 존재했을 것이므로 국인의 지지만으로 해색주가 임금 자리에 올랐다고 보기는 어렵다.

해색주에게는 분명 그를 지지하는 국인들을 조직화하고 중앙 정계에서 그를 지원하는 상당한 세력이 존재하고 있었을 것이다. 그리고 이와 같은 해색주 세력은 이미 무휼이 재위하고 있던 시기부터 중앙 정치에 상당한 영향력을 행사하고 있었다고 판단된다.

해색주의 주요 지지 세력에 대해서는 구체적인 기록이 없어 단정하기 어렵지만 아마도 비류나(沸流那)가 아닐까 생각한다. 해색주가 무휼의 뒤를 이어 즉위했다는 사실을 보면 해색주는 무휼의 동모제일 가능성이 있다.

만일 이와 같은 추정이 타당하다면 비류나는 해색주에게도 외척 관계가 성립된다. 무휼과 대립한 비류나가 해색주에게 접근하리라는 것은 충분히 이해할 수 있는 일이며 해색주 또한 그러한 비류나의 지지를 거부할 이유가 없었을 것이다.

결국 무휼의 재위 후반기에 있어 조정은 태자 해우를 둘러싼 원비의 세력과 무휼의 동생인 해색주의 세력이 다음의 임금 자리를 놓고 대립하고 있었을 가능성이 크다. 이러한 상황에서는 무휼이 적극적인 대외정책을 수행하기 어려웠을 것이다.

따라서 무휼의 적극적인 의지 아래에서 고구려는 낙랑을 병합하였지만 구체적인 후속조치가 이루어지지 못함으로써 무휼의 남진정책은 현상유지에 급급한 소극적인 상태에 머물 수밖에 없었다.

동한의 기습

이즈음 장성 너머에서는 동한(東漢)이 새로운 중심 세력으로 떠오르고 있었다. 무휼은 태자를 책봉하던 그 해에 사신을 보내어 동한과 우호

관계를 맺은 바 있다.

동한은 건국 초기인 관계로 불필요한 충돌은 원하지 않았으므로 고구려에 대한 적대행위를 자제하고 있었다. 고구려도 낙랑 경영과 내부분열 등 대내외의 복잡한 사정으로 인하여 변경 지역의 안정을 원하고 있었으므로 두 나라 사이에는 한동안 평화가 지속되었다.

동한은 유수(劉秀)가 황제에 즉위한 건무(建武) 원년(서기 25) 이후 각지의 세력들을 무너뜨리는 데 여념이 없었고 따라서 아직까지는 외부에 눈을 돌릴 여력이 없었다.

초창기의 동한은 같은 성격을 지닌 여러 군사집단 가운데 하나일 따름이었다. 물론 점차 유리한 위치를 점유해 간 것은 사실이지만 동한이 처음부터 압도적인 우위를 차지하고 있었던 것은 아니다. 따라서 동한과 기타 세력들과의 투쟁은 말 그대로 '생존을 건 싸움'이었다.

유수는 그와 같은 해에 스스로 임금의 자리에 올라 천자를 자칭하고 있던 유영(劉永)과의 대결(서기 26)을 시작으로 촉(蜀)의 공손술(公孫述)을 격파하는 건무 12년(서기 36)까지 10여 년간을 주위 세력들을 제거하는 데 전력을 다해야만 했다(니시지마 사다오, 2004).

하지만 일단 심각한 위협이 사라지고 어느 정도 내부적인 안정을 이루게 되자 동한은 외부의 세력들에 대해 견제의 필요성을 느끼기 시작하였다. 특히 왕조(王調)의 봉기는 만주와 남북한에 대한 관심을 불러일으키는 계기가 되었다.

갱시(更始) 3년(서기 25), 낙랑군은 토착인인 왕조의 봉기로 인하여 군의 정권이 토착인들의 손으로 넘어가고 낙랑군의 군현 지배가 붕괴된 사건이 일어났다. 당시 동한의 유수는 낙랑군에 대해 무력 진압을 단행하고 약 5년간 계속된 토착인인 왕조에 의한 낙랑군 지배를 종식시켰다. 이후 이 지역에 대한 고구려 세력의 확대에 대해 경계심을 가지게 되었다.[21]

결국 10년이 넘는 기간 동안 계속된 우호 관계는 갑작스런 동한의 침공으로 끝이 났다. 대무신왕 27년(서기 44) 9월, 동한의 광무제(光武帝)는 바다를 통해 낙랑 지역을 기습하여 고구려로부터 이 지역을 빼앗고 군현을 설치하였다.

이것은 고구려도 예상하지 못했던 것 같다. 동한은 남북한과 만주 지역에서 세력을 확장하고 있던 고구려에 대한 경계를 풀지 않고 있었다. 이러한 상황에서 고구려를 견제할 수 있는 곳으로서 옛 낙랑 지역을 주목하였던 것이다.

낙랑 지역은 고구려의 남쪽 변경으로서 서진이나 북진을 견제할 수 있을 뿐 아니라 남북한 지역에서 세력 확장의 거점으로 기능할 수 있는 곳이었다. 당시 이 지역은 고구려에 점령 당한 이래 기존 낙랑인들과의 갈등과 고구려의 소극적인 정책으로 인하여 사회가 안정되지 못하여 외부 세력에 대한 방어력이 취약하였다.

동한은 고구려와 전면적인 전쟁은 피하면서 고구려에 최대한 타격을 줄 수 있는 방안으로서 낙랑 침공을 계획하였다고 볼 수 있다. 고구려는 동한의 기습에 제대로 대응하지 못했던 것으로 보인다. 고구려의 통치에 불만을 가지고 있던 일부 낙랑인들은 이 새로운 침략자를 내부에서 지원하기도 하였을 것이다. 이 시기에 남쪽의 한(韓)나라 사람들이 동한으로 사신을 보냈다.[22] 이것은 남북한 지역에서 동한의 영향력이 강화될 것임을 예고하는 사건이었다.

반면 동한의 낙랑 지역 점령은 무휼의 남진정책에 결정적인 타격을 주었다. 고구려는 낙랑 지역의 모든 영토를 빼앗기고 청천강 이북으로 밀려났다. 이로써 그가 거의 20년 동안 추진해온 남진정책은 커다란 실패를 맛보며 좌초하고 말았다.

특히 낙랑 지역은 사랑하는 아들 호동을 희생시키면서 두 차례에 걸친 무력 침공의 결과 얻어낸 성과였다. 낙랑 지역의 상실은 남진정책의 실패를 의미하는 것 이상으로 무휼에게 충격을 주었을 것이다.

동한이 낙랑 지역을 점령함으로써 고구려는 동한에 의해 서쪽과 남쪽으로 포위되는 형국에 처하게 됨으로써 세력 확장정책 자체에 큰 타격을 입게 되었기 때문이다.

6. 조천

사라지는 꿈

낙랑의 상실과 함께 무휼이 추구했던 부여 정복의 꿈은 더 멀어졌지만 시간이 좀더 있었더라면 아마도 그는 다시 일어섰을 것이다. 하지만 하늘은 그에게 더 이상의 삶을 허락하지 않았다.

대무신왕 27년(서기 44) 10월, 무휼은 이 세상을 떠났다. 이 때 그의 나이 41세였으며 대수촌원(大獸村原)이라는 곳에 묻혔다고 한다.

누구나 죽음의 순간은 그것을 지켜보아야 하는 이들에게 연민의 감정을 불러일으킨다. 아마도 이것은 이제 그 무엇으로도 생명을 되돌릴 수 없다는 사실 때문일 것이다. 그런 점에서 무휼의 죽음은 누구보다도 많은 연민을 불러일으킨다.

무휼은 죽음에 이르러 쉽게 눈을 감을 수 없었을 것이다. 그만큼 그에게는 회한이 많았기 때문이다. 갑작스런 적국의 기습으로 인하여 그가 그간 힘써 추진했던 남진정책과 낙랑 병합은 모두 모래성같이 허물어져 버렸던 것이다.

특히 낙랑 정복 이후 그에게는 호동의 자살이라는 비참한 사건을 경험한 터라 마음에 남는 아쉬움이 무엇보다도 컸을 것이다. 그는 이것을 본래대로 되돌려야겠다고 마음속으로 몇 번이고 되뇌고 있었을 테지만 이번에는 그의 의지대로 몸을 움직일 수 없었다.

어떤 면에서 그의 마지막은 너무나 불행하였다. 무휼은 다시는 되돌아올 수 없는 문턱에서 그의 꿈이 부서지는 것을 보아야 했기 때문이다. 한 나라의 군주라고 해도 모든 것을 가질 수는 없는 법, 당연한 사실이지만 무휼은 죽음의 순간 그것을 사무치게 깨닫지 않을 수 없었다.

아마도 최후의 순간까지도 그는 삶에 대한 의지를 포기할 수 없었을 것이다. 그러나 다가오는 죽음을 막을 수는 없었다. 그렇게 그는 생에 많은 미련을 남긴 채 다시는 오지 못할 곳으로 떠나갔다.

죽음의 원인

그의 죽음에 대해서 역사는 아무런 기록도 남기지 못했다. 때문에 우리는 그의 죽음의 원인에 대해서 다만 몇 가지 추측을 할 수 있을 뿐이다.

무휼이 사망한 달이 동한과의 전쟁이 있은 바로 그 다음 달이었으므로 두 사건 사이에 밀접한 관련이 있었음을 추정할 수 있다. 무휼은 생전에 여러 차례에 걸쳐 대외 원정에 직접 참가하였다. 부여 원정이나 개마 원정이 대표적인 예고 두 차례의 낙랑 전쟁에도 확실하지는 않지만 참가하였을 가능성이 있다.

고구려에서는 후세의 임금들과는 달리 임금이 직접 군사를 이끌고 전쟁에 참가하는 것이 드문 일이 아니었다. 대표적인 인물로는 광개토태왕을 들 수 있고 고구려 후기에도 영양 임금이 수나라의 도발에 맞서 군사를 직접 이끌고 선제공격을 가한 바 있다.

따라서 무휼도 동한이 낙랑을 침공했을 때 전쟁에 직접 참가하였을 가능성이 있다. 무휼은 낙랑 경영에 깊은 관심을 가지고 있었으므로 충분히 설득력이 있다. 만약 이 같은 추론이 타당하다면 그의 갑작스런 죽음은 동한과의 전쟁으로 입은 부상과 관련이 있는 것으로 볼 수 있다.

한편 당시 고구려 조정의 심상치 않은 분위기로 볼 때 암살 가능성도 생각해 볼 수 있다. 당시 조정은 왕위 계승 문제 등으로 갈등이 있었을 가능성이 있으며 동한의 침공으로 인하여 무휼이 추구한 대외 정책이 실패로 끝이 나자 이에 대한 책임을 둘러싸고 더욱 심각한 분열이 초래되었을 가능성이 크다. 이 와중에 무휼에 적대적이었던 세력에 의해 무휼이 암살을 당했을 수도 있다.

한 조사에 따르면, 고구려 임금들의 평균 수명은 대략 55세 전후로 추정되는데, 사망 당시 무휼의 나이는 41세이므로 당시 평균 수명에 미치지 못함을 확인할 수 있다(김용만, 1999). 앞에서 암살의 가능성이 제기되었던 추모의 경우 사망 당시의 나이가 40세였다는 점도 참고가 될 수 있을 것이다.

　물론 사고나 질병에 의한 자연사의 가능성도 무시할 수 없다. 특히 호동의 죽음 이후 태자 책봉이나 왕위 계승 등 권력투쟁으로 인한 내부 갈등의 심화와 그 와중에 벌어진 낙랑의 상실이 육체적 정신적으로 부정적 영향을 주었을 가능성도 생각해 볼 수 있을 듯하다.

조천

　『삼국사기』에는 그의 죽음 이후 고구려인들이 보인 반응에 대한 기록이 남아 있지 않다. 동천 임금의 경우처럼 임금을 위해 스스로 목숨을 끊었다거나 백성들이 애도하였다는 등의 기록을 찾아볼 수 없다. 그러나 이는 시간의 흐름 속에서 일어난 기록의 누락일 뿐, 국강상광개토경평안호태왕릉의 비문을 통해 고구려 사람들이 그를 잊지 않고 있었음을 확인할 수 있었다.

　고구려인들이 존경하였던 임금이었던 만큼 장엄하고 엄숙한 장례가 치러졌을 터지만 안타깝게도 오늘날 우리는 그의 무덤이 어느 것인지 알 수 없다.

　무휼이 누워 있다는 대수촌원이라는 곳도 확인하기 어렵다. 또 한 사람의 뛰어난 군주였던 구부(丘夫)는 소수림(小獸林)에 묻혔다고 하는데 대수촌(大獸村)을 대수림(大獸林)이라고 보는 견해도 있으므로 두 지역은 가까운 곳이었을 가능성도 있지만 소수림 역시 오늘날에는 어느 곳인지 찾기 어렵다(李丙燾, 1990, 278쪽). 다만 그의 무덤은 이 지역의 독특한 무덤 양식인 돌무지무덤이었을 가능성이 높다.

기록에 따르면 추모의 아버지 해모수나 추모는 생전에 하늘나라를 때때로 왕래하였다고 한다. 특히 추모는 그곳에서 지상에서처럼 하늘나라의 정사에 참여하였다고 한다.[23] 그리고 결국은 하늘로 올라 다시는 돌아오지 않기 때문에 유류는 추모가 남긴 유품인 옥 채찍으로 용산(龍山)에 장사지냈다는 기록도 남아 있다.[24]

한편 고구려 임금들의 호칭에 장지명이 붙은 것은 고구려 사람들이 임금의 무덤을 임금의 영혼이 실제로 머무는 곳이라고 여겼기 때문이라는 주장도 있다.

고구려의 무덤은 외형이 산이나 계단식 피라미드 모양을 하고 있는 경우가 많은데 이 가운데 특히 피라미드형은 하늘로 오르는 계단을 연상시킨다. 이른바 장군무덤은 이러한 형식의 가장 전형적인 무덤이라고 할 수 있다.

고대 이집트나 메소포타미아, 그리고 고대 아메리카 지역에서도 이러한 건축물이 만들어졌다. 메소포타미아의 것은 제단 구실을 하였고 이집트의 것은 고구려와 같이 임금인 파라오의 무덤으로 지어진 것이었다. 아메리카 지역에도 계단식 피라미드가 임금의 무덤으로 쓰인 경우가 있다.

장군무덤의 정상 평평한 부분에는 본래 작은 집이 있었다고 한다. 이는 죽은 이를 기리기 위한 제당이었던 것으로 알려지고 있다(李亨求, 1991, 158쪽). 메소포타미아 지역의 계단식 피라미드 또한 맨 꼭대기에 방이 마련되어 있었는데 그곳은 신이 내려와 머무는 곳이었다고 한다.

장군무덤은 마치 이집트의 피라미드와 메소포타미아의 지구라트를 합쳐놓은 것 같은 인상을 받는다. 무휼 당시에도 이러한 전통이 있었는지는 확인하기 어렵지만 적어도 그의 무덤 또한 하늘을 향해 높이 솟아올라 있었을 가능성이 높다.

오늘날 우리나라에서는 무덤을 작은 산처럼 만들기 때문에 산과 같은 무덤을 당연한 것으로 여기지만 세계 어디에서나 이런 형식의 무덤이 존재했던 것은 아니다. 이웃 나라인 중국의 경우만 보더라도 춘추시대까지는 봉분이 없는 무덤 형식이 일반적이었다고 한다(양관, 2005).

바빌론에서는 지구라트를 에테멘안키라고 불렀는데 이 말은 하늘과 땅의 초석인 집이라는 뜻이라고 한다(신윤길, 1994). 말 그대로 지구라트는 하늘과 땅을 이어주는 곳이었다. 이러한 사실은 고구려 사람들의 민음을 이해할 수 있는 실마리를 제공한다.

고구려 사람들은 하느님을 섬겼고 그들의 시조 추모를 그 자손으로 여겼다. 따라서 그들은 임금의 무덤을 보다 하늘과 가깝게 만들려고 하였던 것인지도 모른다. 이는 임금의 영혼이 하늘에 편하게 오르기를 바라는 소박한 바람의 표현이었을 것이다. 위와 같은 흔적들은 고구려 사람들이 상상한 내세의 일면을 우리에게 보여준다.

아마도 고구려 사람들은 다음과 같이 생각하지 않았을까? 무휼의 영혼은 그의 무덤이 있는 대수촌원에 머물면서 생전과 다름없이 고구려를 지켜주고 있다고, 그리고 그들의 꿈과 바람을 하느님께 전해주고 있다고 말이다.

7. 무흘의 그림자

해색주와 해우의 즉위

동한의 침공과 낙랑의 상실이라는 위기상황 속에서 무휼은 갑작스럽게 죽음을 맞이하였다. 무휼의 죽음 이전인 그의 재위 후반기에 이미 고구려의 위기 대응능력은 현저히 떨어져 있었다. 동한과의 전쟁에서 패배한 것은 이러한 현실을 단적으로 보여주고 있었다.

그러나 무휼의 뒤를 이어 즉위한 해색주는 무휼의 과업을 이을 만한 인물이 못 되었던 것 같다. 설사 해색주에게 자질과 의지가 있었다고 하더라도 일부 세력의 지지로 임금의 자리에 오른 그로서는 한계가 있었을 것이다.

그는 임금의 자리에 오르고 얼마 지나지 않아 죄를 지은 자들을 용서해주고 여러 신하들을 위한 연회를 베풀기도 하였다. 이는 조정과 나라 안의 갈등을 해소해 보려는 시도였을 것이다.

그러나 얼마 지나지 않아 나라 동쪽에 홍수가 일어나서 많은 인민들이 굶주렸기 때문에 나라의 창고를 열어 구제해야만 했다. 이러한 자연재해는 그의 권위에 손상을 주었을 것이다. 당시의 많은 사람들은 자연재해는 임금의 덕과 관련이 있는 것으로 생각하였기 때문이다. 한편 태자의 존재 또한 그에게는 부담으로 작용하였을 것이다.

해색주는 대외 정책에서 어떠한 대안도 제시하지 못하였다. 고구려의 소극적인 대응 때문이었는지 동한의 공세는 더욱 강화되어 재위 3년에는 잠우락부(蠶友落部)의 대가(大加)와 그 부의 인민 만여 명이 낙랑군에 귀부하는 상황이 발생하였다.

만여 명은 당시의 인구 규모로 볼 때 적지 않은 수였다. 이는 고구려 내의 갈등을 틈탄 동한의 분열책에 의한 것임이 분명했다. 낙랑 침공에서 시작된 고구려에 대한 견제 정책을 동한은 늦추지 않고 있었던 것이다.

해색주는 무휼의 죽음 이후의 혼란 속에서 자신의 자리를 확고히 하지 못한 채 죽음을 맞이하였다. 겨우 재위 5년 만이었다. 해색주는 특이하게도 한 석굴에 묻혔다.

이것은 해색주 자신의 뜻에 따른 것이었다. 재위 3년 되던 해에 사냥을 나갔던 해색주는 민중원(閔中原)이라는 곳에서 한 석굴을 발견했는데 그곳이 퍽 마음에 들었던지 해색주는 자신이 죽거든 따로 능묘를 꾸미지 말고 이 석굴에 묻어주기를 부탁했다고 한다. 이것은 거대한 능묘에 마음을 두지 않는 해색주의 소박한 성격을 보여주는 것 같다.

그가 재위 5년 만에 갑자기 죽고, 그 2년 전에 자신의 장지를 스스로 선택했다는 점은 당시 고구려의 혼란 상황을 단적으로 보여주고 있다고 생각한다.

해색주는 민중원의 동굴에 묻힘으로써 사후에 민중(閔中)이라는 호칭을 얻었다. 그가 세상을 떠나자 태자 해우가 그의 뒤를 이어 고구려의 임금이 되었다.

해우는 호동을 제치고 고구려의 태자가 되었다. 이것은 그의 어머니인 원비 측의 지원에 따른 것이었다. 그러나 무휼의 죽음 이후 국인들의 지지로 그의 작은아버지인 해색주가 임금의 자리에 오르자 불안한 상황에 처하게 되었다.

해우는 원비 세력의 후원을 받고 있었지만 임금이 된 해색주의 권위는 그만큼 위협적인 것이었다. 잘못하면 태자 자리가 흔들릴 수도 있고 나아가 목숨을 잃을 수도 있었다. 그나마 해색주가 몇 년 지나지 않아 죽었기 때문에 해우의 불안한 삶은 오래 지속되지 않았지만 이 기간 동안의 경험은 그에게 큰 영향을 미친 것으로 보인다.

해우는 즉위한 해에 곧 자신의 아들 익(翊)을 태자로 삼았는데 이는 후계자를 확실히 하여 권력 투쟁과 조정의 갈등을 미리 방지하고자 하는 의도였던 것으로 생각된다. 이 역시 지난날 그의 경험에서 얻은 교훈이었을 것이다.

해우는 성격이 사납고 어질지 못하다는 평가를 받았고 사람들을 잘 믿지 못했던 것 같다. 특히 재위 후반에는 사람을 베고 눕거나 깔고 앉았으며 더구나 간하는 신하는 화살로 쏘아 죽였다고 한다. 해우는 신하가 간하는 것을 자신의 권위에 대한 도전으로 여겼던 모양이다.

이러한 부정적인 성격은 장기간에 걸친 해색주 세력과의 갈등과 권력 투쟁 속에서 형성된 것으로 여겨진다. 특히 그는 모본(慕本) 지역 사람들을 중용하였는데 이것은 기존 세력에 대한 불신감이 팽배한 상황에서 믿을 수 있는 친위 세력을 키우고자 하는 의도였던 것 같다.

하지만 해우에 대한 이러한 부정적인 평가는 과장된 측면도 있는 듯하다. 동한의 적대 정책과 만여 명이나 되는 인민들의 이탈, 겨우 수년 만에 맞이한 국상으로 해우 즉위 당시 고구려의 민심은 흉흉하였을 것이다. 게다가 해우 즉위 원년에도 큰 홍수가 있었고 그 다음 해에는 서울에 기근이 있었다. 이와 같은 위기 상황과 연이은 자연 재해가 그에 대한 평판을 더욱 악화시켰을 것이다.

고구려의 반격

하지만 해우에게는 긍정적인 측면도 있었는데 그것은 과감한 결단력이었다. 아마도 무휼에게서 물려받았을 그의 과단성은 특히 대외 정책에서 효과를 발휘하였다.

해우는 재위 2년 봄 장수를 보내 동한의 동북부 지역을 기습하였다. 고구려군이 공격한 지역은 만리장성 너머 북평(北平), 어양(漁陽), 상곡(上谷), 태원(太原)으로서 동한의 서울인 낙양이 멀지 않은 곳이었다.

갑작스런 침공에 당황한 동한은 화친을 요청하였고 이에 고구려군은 소기의 목적을 달성한데다 기습 공격의 성격상 중간거점이 확보되지 않은 상태여서 고립의 위험이 있고 해서 저들의 화친 요구에 응하고 철수하였다(朴京哲, 1988).

이에 대하여 『삼국사기』와 『후한서』 「광무제기」는 기습 작전의 주체에 대해 약간 다른 기록을 전하고 있다. 『후한서』 「광무제기」의 경우 이들 지역의 침공 주체를 맥(貊)이라고 전하고 있지만, 『삼국사기』는 고구려라고 기록하고 있다.

때문에 이 군사행동을 고구려와는 상관없는 것이라고 이해하는 경우도 있다. 그러나 같은 책의 「동이열전(東夷列傳)」은 침공 주체를 구려(句驪)라고 하여 「광무제기」와는 달리 기록하고 있다는 점에 주의하여야 한다. 『삼국사기』의 기록을 「동이열전」의 윤색이라고 보는 견해도 있지만 『삼국사기』가 구체적으로 해우의 명에 의한 것이었다고 기록하고 있는 것을 왜곡이라고 단정하는 것은 타당하지 못하다(李丙燾, 1990, 278쪽).

더구나 『후한서』 자체가 같은 사건의 주체를 다르게 기록하고 있는 것은 나름의 합리적인 이유가 있다고 보아야 한다. 즉 이런 기록상의 차이는 동한 사람들이 고구려와 맥을 크게 구별하지 않은 데 기인한 것이며 따라서 두 기록의 차이는 단지 기록자의 관점의 차이라고 생각할 수 있다.

비록 고구려군이 기습 지역을 장기적으로 점령한 것은 아니지만 이 기습 작전은 동한의 서울을 포함한 동북 지역 전체가 언제든 고구려의 공격 범위 안에 들 수 있다는 사실을 보여줌으로써 고구려의 무력 역량을 동한에게 과시하였다는 점에서 큰 의의가 있다.

특히 태원(太原)은 진(秦), 한(漢)의 서울에서 사방으로 통하는 주요 간선 교통로 상에 자리한 도시로서(류제헌, 1999, 214쪽) 이 지역의 정치, 경제, 문화의 중심지이며 역사적으로도 매우 중요한 지역이라고 할 수 있다. 이곳은 또한 황하 유역의 정권과 장성 이북의 유목 세력이 충돌하는 지점으로서 전략적 중요성도 매우 큰 곳이다.

대고구려전쟁의 패배와 갖은 실정으로 인한 수나라의 정치적 혼란을 기회로 삼아 당나라를 세운 이연(李淵)의 근거지가 다름 아닌 태원이었다는 사실은 이 지역의 전략적 중요성을 상징적으로 보여주는 것이다. 따라서 이와 같은 중요한 요충지를 점령한 것은 고구려의 탁월한 전략적 행동이었다고 평가할 수 있다.

이것은 동한의 낙랑 지역 침공 이후 고구려의 동한에 대한 정책이 적극적인 대응으로 전환되었음을 알리는 상징적인 사건이었다.

이 기습 공격에는 고구려에 신속해 있던 일부 선비(鮮卑)와 같은 유목 기마 세력도 포함되어 있었을 것이다. 실제로 당시 선비 가운데는 만리(滿離)와 같이 고구려의 세력 아래에 있던 세력도 존재하고 있었다.[25]

그런데 이 하북 기습 작전은 해우의 결정에 따른 것이었지만 작전 성공의 공을 모두 해우에게만 돌릴 수는 없다고 생각한다. 신속하고 효율적인 작전 성공을 위해서는 잘 훈련된 기마병 육성이 전제되어야만 한다.

또한 지원 세력으로 이용되었을 것으로 추정되는 선비에 대한 지속적인 관리도 필수적이다. 이러한 정책들이 해우에 의해서 시작된 것이라고 볼 수는 없을 것이다.

이것은 장기적이고 체계적인 관리와 확고한 지원이 없으면 성공할 수 없는 정책이다. 따라서 정책의 입안이 해색주나 해우의 재위 기간에 결정되었을 가능성은 거의 없다.

그러므로 하북 기습작전이 성공적으로 이루질 수 있었던 공은 상당부분 무휼에게 돌아가야 할 것이다. 앞서 신마와 부여말의 도입 등의 사실로 미루어 판단하건대 무휼은 부여와 같은 적대세력에 대한 대책으로서 기마병 육성 계획을 세우고 체계적으로 관리한 것이 분명하다.

또한 유류에 의해서 시작된 선비 복속도 무휼의 시대에 지속적이고 체계적인 관리가 이루어지지 않았다면 해우 시대까지 선비에 대한 고구려의 영향력이 지속될 수 없었을 것이다.

기마병 육성과 기마 유목 민족의 장악은 이후 고구려가 제국으로 도약하는데 발판이 된 정책이다. 무휼이 그 기반을 마련했다고 평가할 수 있는 고구려 제국의 의의는 단순히 한민족 문명권의 확대에 있는 것만은 아니다.

고구려 제국은 일차적으로 주위의 여러 세력으로부터 한민족 문명을 보호하는 방파제의 기능을 수행하였다. 그리고 나아가 만주와 남북한 지역에 걸쳐 존재한 거의 모든 정치세력과 문명을 하나로 아우름으로써 민족의 동질화에도 큰 기여를 하게 된다.

한 연구에 따르면 전성기 고구려 제국이 남북한 지역에서 차지한 영토의 비율은 7할에 이르렀다고 하는데 이는 고구려 제국이 단지 고대 한국을 구성한 한 나라였다는 인식이 매우 피상적인 것임을 잘 보여준다 (최창빈, 1989).

고구려 제국은 만주뿐 아니라 오늘날 한민족의 대부분이 삶을 영위하고 있는 남북한 지역의 대부분을 차지하였고 제국을 구성한 세력들의 문화를 흡수하고 소화하여 백제 및 신라, 가야 등으로 전달하였다.

　　고구려 제국은 뒤에 신라 당 연합군에 패배하여 역사 속으로 사라지게 되지만 고구려 제국이 신라의 성장에 일정한 기여를 하였고 고구려 제국의 유민들은 다시 발해를 건국함으로써 남북국이 성립하게 되었다.

　　결국 고구려 제국의 성립은 장래의 한민족 문명의 통일에 큰 영향을 미쳤다고 할 수 있다. 무휼에 대한 재평가가 이루어져야 할 가장 큰 이유가 여기에 있다. 무휼의 정책은 장기적으로 불완전하게나마 한민족이 하나의 정치적 문화적 통일체로 성립하는 데 기틀을 마련하였다고 평가할 수 있다.

　　무휼은 비록 사라졌지만 그가 이루어놓은 결실은 결코 사라지지 않았다. 그는 자신의 꿈을 당대에 실현할 수 없었지만 그가 꿈을 이루고자 분투했던 땀과 피는 헛되지 않았다.

8. 단절

해우는 날로 포학해졌다. 당시 해우에게는 측근에서 보필하고 있던 두로(杜魯)라는 신하가 있었다고 한다. 그 또한 모본 사람이었다. 두로는 임금의 성정이 날로 악화되자 자신에게 해가 미칠까 늘 불안해했는데, 어느 날 자신도 언제 해를 당할지 모른다는 두려움 때문에 소리를 내어 울게 되었다. 측근 신하조차 살해의 위험을 느껴 통곡할 정도였으니 당시 해우의 잔인함이 어느 정도였는지 짐작할 수 있다.

이를 본 어떤 사람이 두려움에 떨고 있는 두로에게 '임금이라 할지라도 나를 학대하면 원수일 뿐'이라며 임금을 살해할 것을 충동질하였다.

이에 용기를 얻은 두로는 임금을 살해하기로 결심하고 칼을 숨기고 해우의 앞으로 나아갔다. 마침 해우는 자주 하던 대로 두로를 깔고 앉으려 하였고 그 틈을 타 두로가 임금을 살해하였다.

해우는 믿었던 모본 사람에 의해 최후를 맞이하였다. 정말 어처구니 없는 죽음이었다. 그의 재위 6년 되던 해의 일이었다.

해우의 살해를 교사한 이의 정체는 알려져 있지 않다. 그러나 굳이 밝히지 않아도 그에게는 적이 많았다. 살해의 배후는 해우가 재위중에 살해한 신하들의 측근이었을 수도 있고 해우와 임금 자리를 다투었던 해색주의 세력이었을 가능성도 있다.

해우는 어머니인 원비의 후원으로 호동을 제치고 태자가 될 수 있었지만 해색주의 즉위로 인해 몇 년 동안 인고의 세월을 보내야 했고 마침내 임금이 되었지만 결국은 유일하게 믿었던 이들에 의해서 목숨을 잃었다.

해우는 모본 사람에 의해서 배신을 당했지만 그래도 그의 주검을 받아줄 땅은 모본뿐이었던 것 같다. 그는 모본에 묻혔고 이로 인해 모본이라는 칭호를 얻었다.

만약 원비가 호동을 모함하면서까지 아들 해우를 태자로 만들지 않았다면 아마 해우의 운명은 크게 달라졌을지도 모른다. 그의 포학한 성정도 일찍부터 정쟁의 소용돌이에 휘말린 탓이 아니었을까? 무휼의 시대에 잉태된 비극은 이렇게 해우의 죽음으로 막을 내렸다.

해우가 임금 자리에 오르자마자 세웠던 태자 익은 끝내 자신의 자리를 지키지 못했다. 익이 임금이 될 만한 성품을 갖지 못했다는 것이 이유였다.

결국 임금의 자리는 무휼의 동생인 재사(再思)의 아들 궁(宮)에게 돌아갔다. 익이 해우의 뒤를 잇지 못함으로써 임금의 계보에서 무휼의 혈통은 완전히 단절되었다.

비록 무휼의 혈통은 단절되었지만 그에 대한 기억은 고구려 사람들에게서 사라지지 않았다. 고구려를 반석 위에 올려놓은 군주에 대한 고구려 사람들의 기억은 비문에 새겨져 오늘날에 이르고 있다.

무휼의 혈통

무휼의 아들 해우가 사망하고 무휼의 동생인 재사의 아들 궁이 즉위함으로써 무휼의 혈통이 단절되었음은 위에서 설명하였다.

그런데 『삼국유사』는 「왕력(王歷)」에서 무휼을 비롯한 유류, 해색주의 성이 해(解)라고 주장하였다. 이는 추모 및 다른 고구려 임금들의 성인 고(高)씨와는 다른 것이다.

또한 새로 임금 자리에 오른 궁의 칭호는 태조(太祖), 국조(國祖) 등으로 기록되어 있는데 이는 곧 시조라는 뜻으로 해석할 수 있다. 뿐만 아니라 궁에 대하여 특별히 대왕이라고 기록하고 있어 일부 연구자들은 궁에 의해 고구려 지배층의 세력 교체가 이루어진 것이라고 생각하였다.

이 같은 관점에서 보면, 무휼의 아들인 해우는 해애루(解愛婁)라고도 기록되어 있고 『삼국유사』는 애류(愛留) 또는 애우(愛憂)가 이름이라고 밝히고 있어 해우의 성도 해(解)였을 가능성이 있다. 그렇다면 유류, 무휼, 해색주, 해우까지 제2대에서 제5대 임금의 성을 해(解)라고 생각할 수 있다.

　궁의 즉위를 지배 세력의 교체라고 보는 이들은 『삼국지』에서 고구려 초기에 연(소)노부와 계루부 사이에 세력 교체가 있었다고 기록한 내용을 이 시기의 사실로 이해하고 있다.

　궁의 아버지인 재사에 대해서는 추모와 전혀 혈연적으로 관계가 없는 인물이라는 추정도 있었다. 앞에서 설명한 것처럼 추모가 부여에서 고구려로 남하하면서 새로 흡수한 세력 가운데 재사(再思)라는 인물을 볼 수 있다. 궁의 아버지 재사와 추모의 신하였던 재사는 한자까지 같기 때문에 동일 인물로 생각하는 주장이 제기되기도 하였다. 한 마디로 궁은 추모의 신하였던 재사의 자손이라는 것이다(李萬烈, 1976, 41쪽).

　하지만 무휼을 비롯한 이 시기의 임금들은 해(解)씨고 추모와 궁 이후의 임금들이 고씨(高氏)라면, 광개토태왕비문과 『삼국사기』, 『삼국유사』 등이 추모와 유류 그리고 무휼을 모두 부자관계라고 기록한 것은 어떻게 이해해야 할 것인가?

　『삼국유사』는 비록 유류 등을 해씨라고 기록하였지만 이들이 동명(추모)의 후손이라고 기록하였고 광개토태왕비문의 기록은 고구려 사람들 스스로 그렇게 생각하였음을 명백히 보여주고 있다.

일부에서는 성씨의 변화를 혈통의 변화로 이해하기도 하지만 이는 후세의 관점일 뿐 당시에도 성씨가 쉽게 바꿀 수 없는 성격의 것이었는 가는 확실하지 않다.

또한 추모는 나라 이름을 고구려라고 하고 그에 따라 자신의 성을 고씨로 삼았다고 『삼국사기』는 전하고 있다. 그렇다면 추모의 성은 본래 고씨가 아니었다는 말이 된다.

추모의 아버지는 해모수였으므로 추모의 본래 성은 해씨였을 것이다. 실제로 『삼국유사』는 추모의 본래 성이 해였다고 전하고 있다. 그러므로 유류와 무휼 등이 '해'로 성을 삼은 것은 본래의 성을 칭한 것일 뿐 혈통 자체가 바뀌었기 때문은 아닐 것이다.

아마도 건국 초기에는 자신들 본래의 성인 '해'와 추모가 새로 만든 '고'라는 성을 같이 사용하다가 후에 고라는 성으로 고정된 것이라고 여겨진다.

이른바 태조나 태종과 같은 칭호는 묘호라고 하며 이는 황하유역에서 시작된 것이지만, 저들도 임금의 명칭에 묘호가 본격적으로 사용되기 시작한 것은 서한(西漢) 시대부터였다고 한다. 그나마 서한의 모든 임금이 묘호를 가진 것도 아니었다(任敏赫, 2004).

비록 서한의 시조 유방의 묘호가 태조였다고는 하나, 궁의 칭호인 태조 임금을 시조의 의미를 가진 묘호라고 보기는 어려울 것이다. 따라서 태조가 특별한 의미를 지닌 것이라고 해도 그것이 혈통의 변동을 의미하는 것은 아니다.

무휼의 활동시기

우리는 앞서 무휼의 본명조차 불확실함을 살펴보았다. 이것은 무엇보다도 고구려 역사 기록의 엉성함에서 비롯되는 것이다. 그의 활동시기도 여러 가지 이설이 존재하고 있다.

예부터 고구려의 연대가 축소되었다는 견해는 있어 왔는데 이것은 고구려가 이미 서기전 3세기 이전에 존재하였다는 기록에 기본적인 바탕을 둔 것이다. 이러한 사실은 이 글에서도 지적한 바 있다.

신채호는 고구려의 역사가 보다 소급되어야 한다고 주장하였으며 최근 북한 학계에서도 이와 비슷한 주장을 하고 있다. 남한 학계 일부에서도 고구려의 건국 연대가 올라감에 따라 삼국사기 초기 기록의 연대를 조정할 필요가 있음을 제기한 바 있다(윤내현, 1991, 120쪽).

신채호는 고구려사가 거의 9백여 년에 이른다는 기록에 비해 『삼국사기』의 고구려 연대가 이보다 2백여 년 적은 것에 의문을 표시하였다.

특히 『삼국사기』의 기록에 의하면 광개토태왕은 시조 추모 임금의 13세손이라고 할 수 있는데 그의 비문에는 광개토태왕을 17세손이라고 기록하고 있으므로 몇 명의 임금이 탈락된 것이 분명하다고 생각하였다.

『북사(北史)』를 보면 막래(莫來)라는 고구려 임금이 부여를 쳐 깨뜨렸다는 기록에 이어 서한 무제 유철(劉徹)이 위만조선을 침략한 기사가 나오는데 이것은 막래의 부여 원정이 위만조선 서한 전쟁 이전임을 보여준다고 신채호는 주장하였다.

이러한 근거들을 바탕으로 신채호는 무휼은 서한의 무제와 동시대인 서기전 2세기경의 인물이며 동한 광무제 유수와 동시대 인물로 기록한 『삼국사기』의 기록은 잘못이라고 보았다.

한편 고구려 역사의 축소 원인은 신라가 자신의 건국 연대가 고구려보다 뒤쳐짐을 부끄러워하여 역사를 왜곡한 것이라고 신채호는 추정하였다.

손영종을 중심으로 북한 학계의 견해를 살펴보면 다음과 같다(손영종, 2000). 손영종도 신채호와 비슷한 근거를 들어 고구려 초기 역사가 누락되었다고 보고 있다.

다만 그 활동 시기는 신채호의 주장과 차이가 있다. 고구려의 건국 연대가 진(秦)나라의 연대보다 이르다는 기록과 추모의 즉위년이 갑신년이라는 기록을 근거로 서기전 222년 이전의 갑신년인 서기전 277년을 고구려의 건국 연대로 추정하고 있다. 이 연대를 따를 경우 무휼의 활동 시기는 서기전 3세기가 된다. 이것은 『삼국사기』의 기록과 2백년 이상 차이가 나는 것이다.

또한 손영종은 대주류와 대무신왕 무휼이 별개의 인물이라고 보고 있다. 고구려 역사가 축소되면서 몇 명의 임금이 누락되었고 그들의 역사가 후대의 임금들에게 덧입혀졌다는 주장이다.

그러므로 사실상 대소를 살해한 이는 대무신왕 무휼이 아니라 대주류왕이며 그 연대도 서기전 3세기라는 것이 손영종의 견해다.

『삼국사기』 초기 연대가 왜곡되었다는 주장은 그 역사가 매우 오래되었고 그 구체적인 내용도 여러 가지다. 고구려 초기 역사가 축소되었다는 주장도 이와 같은 맥락 속에 있다.

고구려가 서기전 3세기 이전부터 존재했다는 것은 사실이다. 그러나 이것이 곧 추모의 활동 시기가 서기전 3세기임을 뜻하는 것은 아니다. 추모의 등장은 서기전 1세기의 일로 볼 수 있으며 이는 고구려 지배세력의 교체로 이해할 수 있음은 앞서 설명하였다.

『삼국사기』와 광개토태왕릉비문의 세수가 차이가 나는 것도 어느 한

쪽의 잘못으로 단정하기는 곤란하다. 세는 항렬로 계산하므로 항렬이 높은 이(형제나 삼촌)가 임금 자리를 이어받게 되면 세의 수에 가산하지 않는다고 한다(윤내현, 1998, 111쪽). 이것은 결국 고구려 임금들 사이의 혈연관계를 정확하게 파악하지 못하면 어느 쪽이 옳은지 알 수 없다는 의미이기도 하다.

또한 『북사』에서 막래의 부여 원정 이후 서한 무제 유철(劉徹)이 위만조선을 침공한 사건을 기술하고 있다고 해서 두 사건이 서로 시간적인 선후 관계를 가지고 있다고 단정하기는 어렵다.

설사 이러한 해석이 가능하다고 해도 서기전 3~2세기 당시 고구려가 부여를 침공하여 복속시켰다는 다른 기록을 찾아보기 어렵기 때문에 신중한 접근이 필요하다. 이것은 부여가 일찍이 패해본 적이 없다는 『진서(晋書)』의 기록과 상반된다.[26] 뿐만 아니라 『북사』의 기록이 『삼국사기』가 인용했을 고구려의 역사 기록보다 더 정확하다는 확실한 증거도 없다.

이 밖에도 신채호나 손영종은 무휼에 대한 『삼국사기』 기록의 여러 모순을 지적하고 있다. 예를 들면 호동의 어머니가 갈사왕의 손녀라는 사실에 대하여 의문을 제기한다. 갈사왕이 나라를 세운 시기가 대무신왕 5년(서기 22)이므로 무휼이 갈사가 세워진 바로 그 해에 갈사왕의 손녀와 혼인하여 그 직후에 임신을 했다고 해도 호동의 나이는 열 살 정도가 된다.

하지만 호동은 나중에 원비를 간음하려 했다는 모함을 받았으므로 열 살은 너무 어리므로 기록에 문제가 있다는 것이다. 하지만 갈사왕의 손녀가 무휼과 혼인한 시기가 갈사왕이 아직 갈사라는 나라를 세우기 전이었다고 보면 기록이 완전히 잘못되었다고도 단정하기 어렵다.

무휼의 어머니는 비류주 송양의 딸 송씨인데 송씨는 무휼이 태어나기 전에 이미 숨졌으므로 믿을 수 없는 기록이라는 주장도 있다. 하지만 앞에서 설명했듯이 무휼의 어머니는 송양의 또 다른 딸일 수도 있다.

이 밖에도 여러 가지 주장이 있지만 확실한 모순점은 찾아보기 어렵다. 고구려가 서기전 3세기 이전에 존재한 것은 사실이지만 이것이 무휼의 활동 시기를 서기전 3~2세기로 올려잡아야 하는 이유가 될 수는 없다.

물론 이 문제에 대한 절대적인 확답은 아직 제시하기 어렵다. 그러나 현재로서는 『삼국사기』의 연대를 부정할 만한 확실한 근거는 없다고 생각한다.

9. 무휼과 그의 시대

서력 기원 전후의 시기는 한국사에서 구질서가 붕괴하고 새로운 질서가 수립되는 시기였다고 할 수 있다. 고조선과 연나라의 충돌, 위만조선의 성립과 서한의 침공, 이어진 한 군현의 설치, 철기의 확산 등 남북한 및 만주의 사회는 큰 혼란과 함께 급격한 변혁의 시기를 맞이하고 있었다.

갑작스럽게 발생한 힘의 공백은 수많은 세력이 발호하는 기회를 마련해 주었고 이들은 서로 충돌하면서 새로운 시대의 주도권을 잡고자 경쟁하였다. 무휼이 태어났을 때 고구려는 아직 열국 속에서 하나의 가능성을 가진 존재였을 따름이다. 무휼은 부여의 간섭과 압박을 물리치고 이 작은 가능성을 현실로 만들었다.

무휼은 임금의 자식으로 태어났다. 신분사회였던 당시의 상황으로 볼 때 그의 사회적, 경제적 지위는 대다수 사람들보다 우월한 것이었다. 그러나 물질의 부와 높은 신분이 행복한 삶의 한 조건이 될 수는 있어도 그것이 곧 행복한 삶을 보장해 주는 것은 아니다.

무휼 또한 행복한 삶을 누릴 수 있는 좋은 조건들을 지니고 태어났지만 결코 행복한 삶을 누리지는 못했다. 오히려 군주의 자식이라는 특수한 신분이 무휼에게는 개인적인 불운의 근원이었다고 해야 할 것이다.

194

정략적인 이유로 아버지에 의하여 형이 목숨을 잃는 것을 어린 나이에 목격할 수밖에 없었던 사실은 무휼에게 큰 영향을 주었을 것으로 생각한다. 군주의 자식이라는 자신의 처지가 과연 어떠한 의미를 지니고 있는가를 무휼은 눈앞의 비극을 통해 철저하게 깨달았을 것이다.

그러나 이러한 개인적인 비극 속에서도 무휼은 분명 초기 고구려 역사에서 눈길을 끄는 존재였다. 그는 추모나 유류 못지않은 군주의 자질을 소유하고 있었다. 태자 책봉의 기회는 형 해명의 비극적인 죽음으로 인해 우연히 주어진 것이었지만 그 기회를 현실로 만든 것은 누구도 아닌 무휼 자신이었다. 그는 학반령에서 부여 군사를 격파함으로써 그의 능력을 스스로 증명하였던 것이다.

어린 시절부터 일찍이 전쟁터를 경험한 그는 대외 정책에서 주목할 만한 성공을 거두었다. 이 방면에서 무엇보다 가장 큰 업적은 부여 원정이었다.

부여 원정을 통해서 실질적으로 고구려가 얻은 전과는 거의 없었지만 부여와 고구려의 관계를 역전시킴으로써 이후 고구려가 발전해 나갈 수 있는 발판을 마련하였다.

무휼은 어린 시절에 부여 사신을 통해 대소의 잘못을 꾸짖었던 일로 알 수 있듯이 슬기롭고 대담한 정신을 소유한 사람이었다. 이러한 대담성은 절대적으로 불리한 상황에서 이루어진 부여 원정에서 빛을 발하였다.

또한 무휼이 이루어낸 비류나 장의 교체는 고구려 역사에서 중요한 의미를 지니고 있다. 비록 시대적 한계로 인하여 모든 나(那)의 장을 교체한 것은 아니지만 각 나의 특권적 독립성을 해체하고자 한 시도는 높이 평가받아야 할 것이다.

하지만 무휼의 대내 정책은 대부분 실패하였다. 그리고 그것은 곧 대외 정책에도 악영향을 미쳤다. 비류나 장의 교체와 같은 구세력과의 대결은 곧 반발을 초래하였고 외척 세력의 도전에도 제대로 대처하지 못해 그의 재위 후반기는 별다른 업적을 남기지 못했다.

무휼의 낙랑 정복은 그의 대외 정책의 가장 큰 실패였다. 무휼은 적극적이고 효율적인 전쟁 수행으로 낙랑을 정복하였지만 내부 갈등으로 인해 낙랑 지역에 대해 소극적으로 대응하다 이 지역에 힘의 공백을 초래하였고 이것은 곧 동한이라는 외세가 세력을 확장하는 기회를 제공함으로써 고구려뿐 아니라 민족사 전체에 부정적 영향을 미치는 결과를 가져왔다.

낙랑 지역의 상실은 남북한 지역에서 동한의 영향력을 강화시키고 고구려의 등을 적에게 내어줌으로써 고구려의 성장에도 심각한 장애가 되었다. 결과적으로 낙랑의 상실은 당시 만주 남북한 지역의 여러 정치 세력들의 성장과 발전에 심대한 타격을 주었다.

무휼의 개인적 삶은 불운하였다. 그의 아버지인 유류는 의지가 강한 인물이었지만 아들인 해명을 자살하게 하였는데, 무휼 또한 적극적인 의도는 없었다 해도 사랑하는 아들 호동을 자살하게 만들었다.

무휼은 다시 한 번 이전의 비극을 반복함으로써 더 큰 비극을 스스로 초래하였다. 비록 호동의 죽음에 대한 책임을 무휼에게 전적으로 지울 수는 없을지라도 그에게 상당한 책임이 있다는 점을 인정하지 않을 수 없다.

호동의 죽음 이후 무휼에 대한 기록은 거의 보이지 않는다. 이것은 단순한 기록의 누락이 아니라 호동의 죽음이 그의 정치적 권위의 추락을 알리는 사건이었을 뿐 아니라 무휼 자신에게도 큰 상처가 되었음을 보여주는 것이라고 생각한다.

무휼은 또한 며느리인 낙랑 공주를 정략적으로 이용하였고 낙랑 공주는 조국을 배반한 불명예를 안고 아버지의 손에 목숨을 잃었다.

태자 자리를 두고 벌어진 두 아들 호동과 해우 세력 사이의 갈등도 무휼은 합리적으로 매듭지울 수 없었다. 격화된 대립은 결국 호동을 자살로 내몰았다.

그러나 태자에 책봉됨으로써 승자가 된 해우도 비극적인 최후를 맞이하였다. 그의 어머니 원비의 바람대로 임금의 자리에 오를 수 있었지만 젊은 나이에 신하의 칼에 살해되었던 것이다. 그리고 해우의 아들 익이 그 지위를 빼앗김으로써 제왕의 계보에서 무휼의 혈통은 단절되었다.

슬기롭고 용감한 군주였던 무휼도 한 사람으로서의 비극은 피할 수 없었던 것이다. 그리고 이 비극의 책임 역시 무휼 자신에게 있음을 그 자신도 부정할 수 없을 것이다.

결국 무휼은 한 개인으로서 행복한 삶을 누렸다고 평가하기는 어려울 것이다. 그러나 역사 속에서 차지하는 무휼의 존재 의의는 무시할 수 없다.

무휼이 이루어낸 업적은 그가 어떠한 불행이나 역경에도 쉽게 굴복하지 않았다는 사실에서 비롯된 것이다. 무휼이 즉위할 당시 고구려는 결코 이웃의 여러 세력들보다 월등히 뛰어난 세력이 아니었다. 오히려 부여의 압박에 시달리고 이웃 나라의 업신여김을 경계해야 하는 어려운 상황에 처해 있었다. 만약 무휼이 현실을 그대로 인정하고 그를 막아서는 장애에 쉽게 무릎을 꿇었다면 우리가 오늘날 알고 있는 고구려는 존재하지 않았을 것이다.

우리는 모두 역사라는 거대한 물결 속에서 표류를 피할 수 없는 나약한 존재다. 이것은 무휼도 마찬가지다. 그는 당시로서는 최상위 신분에 속하였으므로 일반 사람들보다 우월한 사회 경제적 처지에서 생활할 수 있었다.

그러나 무휼에게는 신분에 맞는 그만큼의 희생이 요구되었고 그에게 주어진 역사적인 과제 또한 스스로 죽음을 각오해야 할 만큼 무거운 것이었다. 사실 무휼은 그가 마음만 먹었다면 그에게 주어진 과제를 얼마든지 회피할 수 있었다.

하지만 그는 그에게 주어진 장애를 피하지 않았고 시대에 저항함으로써 역사의 물줄기를 바꾸어놓았던 것이다.

역사 속의 개인은 한없이 작은 존재다. 하지만 그 작은 개인의 선택이 때때로 역사의 흐름 자체를 바꾸어 놓을 수 있음을 무휼은 그의 삶을 통해 뚜렷이 증명하고 있다.

참고문헌

『東國李相國全集』

『三國史記』

『三國遺事』

『帝王韻紀』

「國岡上廣開土境平安好太王陵碑文」

『三國志』

『魏書』

『晉書』

『漢書』

『孝經』

『後漢書』

丘秉朔 著, 1993, 『學術硏究叢書 18 韓國古代法史』(3판), 서울:高麗大
　　學校出版部.

김용만, 1999, 『고구려의 그 많던 수레는 다 어디로 갔을까 고구려인
　　들의 삶의 원형을 찾아서』, 서울:바다출판사.

김정자, 1998, 『한국 군복의 변천사 연구』, 서울:민속원.

니시지마 사다오 지음, 최덕경 · 임대희 옮김, 2004, 『중국의 역사(진
　　한사)』, 서울:혜안.

류제헌, 1999, 『서남동양학술총서5 중국 역사 지리』, 서울:문학과지
　　성사.

선정규, 1996, 『고려대학교 중국학총서22 중국신화연구』, 서울:고려
　　원

손영종, 2000, 『고구려사의 제문제』, 서울: 신서원.

申采浩, 1990, 『조선 상고사 Ⅰ』(중판), 서울:일신서적출판사.

양관 지음, 장인성 · 임대희 옮김, 2005, 『중국 역대 陵寢 제도』, 서울:
　　서경.

윤내현, 1991, 『윤내현 교수의 한국고대사』6판, 서울:三光出版社.

윤내현, 1998, 『한국열국사 연구』, 서울:지식산업사.

李萬烈 著, 1976, 『講座 三國時代史』, 서울:知識産業社.

李丙燾 譯註, 1990, 『三國史記(上)』(신장판 10판), 서울:乙酉文化社.

이성재, 2007, 『잃어버린 나라 낙랑 낙랑군의 그늘에 가려진 낙랑국의
　　숨겨진 역사』, 서울:어드북스

李亨求, 1991, 『韓國古代文化의 起源』, 서울: 까치.

J. C. 블록 지음, 과학세대 옮김, 1996, 『인간과 가축의 역사』, 서울: 새
날.

김미경, 2005, 「高句麗 琉璃王代 政治勢力의 再編과 對外政策」, 『북방
사논총』 4.

김선주, 2001, 「호동설화를 통해 본 고구려의 혼인」, 『民俗學研究』 8.

金承璨, 1969, 「黃鳥歌의 新研究」, 『國語國文學』 9.

김영심, 2003, 「한국 고대사회 女性의 삶과 儒教-여성 관련 윤리관의
검토를 중심으로-」, 『韓國古代史研究』 30.

金廷鶴, 1990, 「古朝鮮의 起源과 國家形成」, 『金廷鶴博士 著作選集1
韓國上古史研究』, 서울: 범우사.

권오중, 2004, 「중국사에서의 낙랑군」, 『韓國古代史研究』 34.

朴京哲, 1988, 「高句麗 軍事力量의 再檢討」, 『白山學報』 35.

박노석, 2003, 「고구려 초기의 영토 변천 연구」, 전남대학교대학원 박
사학위논문.

박선희, 2007, 「고대 한국 갑옷의 원류와 동아시아에 미친 영향」, 『고
대에도 한류가 있었다』, 서울: 지식산업사.

송계현, 2005, 「桓仁과 集安의 고구려 갑주」, 『북방사논총』 3.

신윤길, 1994, 「지구라트」, 『世界大百科事典』, 서울: 동서문화.

이등룡, 1997, 「고대국어 어휘 자료 연구(1)-『三國史記』 地名의 몇 례-」, 『成均語文研究』 32.

이미영, 1994, 「황조가」, 『世界大百科事典』, 서울:동서문화.

李秉斗, 1987, 「中國古代 郡縣 位置考-遼東·樂浪·玄菟郡에 대하여-」, 단국대학교대학원 석사학위논문.

李玉洙, 1991, 「古代 狩獵圖의 樣式 기원 및 의미연구-고구려의 古墳 壁畫의 수렵도의 양식성립 배경으로서-」, 『造形』 14.

이원제, 2006, 「조선시대 『소학』 교육의 현실」, 『敎育學研究』 44(3).

李仁哲, 2006, 「고구려와 고대중국의 전쟁-西漢에서 西晉까지 국제정치사적 관점을 중심으로-」, 『高句麗研究』 24.

李志映, 1996, 「『三國史記』 所載 高句麗 初期 王權說話 研究」, 『口碑文學研究』 2.

任敏赫, 2004, 「廟號의 禮制原理와 朝鮮의 受容」, 『國史館論叢』 104.

鄭尙均, 1997, 「「대무신왕 본기」 연구」, 『人文科學』 4.

鄭焙培, 1999, 「先史時代 유라시아 大陸의 말(馬) 飼育과 騎馬術의 發展에 대해」, 『제3회 국제 아세아민속학회 국제학술대회 발표논문집』.

최창빈, 1989, 「4~6세기 전반기 삼국통일정책 실현을 위한 고구려의 투쟁」, 『력사과학론문집』 14.

_주

1) 유리명왕 33년(서기 14)에 무휼의 나이는 11세였으므로 서기 22년 에는 19세였을 것이다.

2) 당시 대소의 정확한 나이에 대한 기록은 존재하지 않는다. 다만 그 와 어린 시절을 함께한 고구려의 시조 추모의 나이로 미루어 볼 때(추모가 살아 있었다면 당시 그의 나이는 80세로 추정되므로) 대소의 나이는 80세 전후였을 것으로 보인다.

3) 고구려가 부여로 진군한 것은 대무신왕 4년(서기 21)이고 괴유가 무휼의 지휘 아래 대소의 목을 벤 것은 그 다음 해(서기 22)의 일 이다.

4) 소서노 세력이 남하한 것이 언제인가 하는 것은 다양한 설이 있다. 그러나 『삼국사기』 기록을 인정한다면 그것은 추모의 사망 이후 일 가능성이 높다.

5) 『三國史記』 卷13 高句麗本紀 第1 琉璃明王 22年, "王新移都邑 民 不安堵 宜孜孜焉 刑政之是恤 而不念此 馳騁田獵 久而不返 若不 改過自新 臣恐政荒民散 先王之業墜地".

6) 『三國遺事』卷2 第四十八代 景文大王.

7) 『三國史記』卷13 高句麗本紀 第1 琉璃明王 3年, "汝漢家婢妾 何無 禮甚乎".

8) 『三國史記』卷13 高句麗本紀 第1 琉璃明王 28年, "夫國有大小 人 有長幼 以小事大者禮也 以幼事長者順也 今王若能以禮順事我 則 天必佑之 國祚永終 不然 則欲保其社稷難矣".

9) 『三國史記』卷13 高句麗本紀 第1 琉璃明王 28年, "我先祖神靈之 孫 賢而多才 大王妬害 讒之父王 辱之以牧馬 故不安而出 今大王 不念前愆 但恃兵多 輕蔑我邦邑 請使者歸報大王 今有累卵於此 若 大王不毁其卵 則臣將事之 不然則否".

10) 『한겨레』 2004년 4월 5일자.

11) 『漢書』卷1上 高帝紀 第8上 4年 11月, "北貉燕人來至梟騎助漢".

12) 『三國志』卷30 烏丸鮮卑東夷傳 第30 挹婁.

13) 『魏書』卷100 列傳 第88 高句麗, "子莫來代立 乃征夫餘 夫餘大敗 遂統屬焉".

14) 『三國史記』卷14 高句麗本紀 第2 大武神王 5年, "雖殺其王, 未滅 其國".

15) 이성재, 『잃어버린 나라 낙랑 낙랑군의 그늘에 가려진 낙랑국의 숨겨진 역사』, 2007, 116~183쪽. 이 책의 95쪽 둘째 줄의 '銅鐘'을 '銅鍾'으로, 넷째 줄의 '묘에 걸려 있던'을 '묘의'로 수정한다. 鍾은 일종의 술병이다.

16)『三國志』卷28 王毌丘諸葛鄧鍾傳 第28 毌丘儉.

17)『三國志』卷30 烏丸鮮卑東夷傳 第30 東沃沮.

18)『三國史記』卷14 高句麗本紀 第2 大武神王 15年, "若能入而國武庫 割破鼓角 則我以禮迎 不然則否".

19) 申采浩, 1990, 121쪽.

20)『三國史記』卷14 高句麗本紀 第2 大武神王 15年, "我若釋之 是顯母之惡 貽王之憂 可謂孝乎".

21)『後漢書』卷76 循吏列傳 第66 王景, "父閎 更始敗 土人王調殺郡守劉憲 自稱大將軍 樂浪太守 建武6年 光武遣太守王遵將兵擊之 至遼東閎與郡決曹吏楊邑等共殺調迎軍".

22)『後漢書』卷1下 光武帝紀 第1下, "建武二十年 秋 東夷韓國人率衆詣樂浪內附" 같은 책 卷85 東夷列傳 第75 "建武二十年 韓人廉斯人蘇馬諟等詣樂浪貢獻 光武封蘇馬諟爲漢廉斯邑君 使屬樂浪郡 四時朝謁".

23)『帝王韻紀』卷下 高句麗紀, "往來天上 詣天政".

24)『東國李相國全集』卷3 古律詩 東明王篇, "王升天不下 時年四十 太子以所遺玉鞭 葬於龍山云云".

25)『後漢書』卷20 銚期王霸祭遵 列傳 第10 祭遵, "其異種滿離 高句驪之屬".

26)『晋書』卷97 列傳 第67 四夷 東夷 夫餘國, "自先世以來 未嘗被破".

지은이 **이 성 재**

1975년 출생, 단국대학교 사학과 졸업
2001.6 ~ 2002.7 청소년 신문(www.theyoungtimes.com)에 역사 칼럼 연재
1998.12 ~ 현재 daum 역사 카페 '바로잡아야 할 역사'에서 논객으로 활동
2003.2 ~ 현재 행정공무원으로 근무

저서 『잃어버린 나라 낙랑』(2007)

대무신왕 무휼
고구려 제국의 기틀을 다진 군주의 삶과 투쟁

펴낸날 ┃ 2008년 11월 25일
펴낸이 ┃ 오일주
펴낸곳 ┃ 도서출판 혜안
등록번호 ┃ 제22-471호
등록일자 ┃ 1993년 7월 30일
주소 ┃ 서울시 마포구 서교동 326-26번지 10호
전화 ┃ 02-3141-3711, 3712
팩스 ┃ 02-3141-3710
이메일 ┃ hyeanpub@hanmail.net
ISBN 978-89-8494-355-1 03910

값 10,000원